# 底層邏輯

## 看清這個世界的底牌

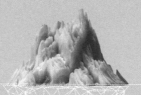

# The
# Underlying
# Logic

### How to See the Essence
### of Things.

劉潤　著

# 掌握事物的變與不變，
# 等於掌握世界運作的底層邏輯

文／游舒帆（商業思維學院院長）

這不是我第一次閱讀劉潤的書，他的每本書的思路都很獨特，觀點也很有趣，同時充滿洞見。如果你想知道他是怎麼思考，怎麼理解問題，怎麼產生洞見的，我相信這本《底層邏輯》應該可以讓你一窺一二。

底層邏輯是什麼？就是事物運作的根本道理，簡單的說，在不同的情境中，那些不變的東西是什麼。套一句亞馬遜創始人Jeff Bezos的話：「我常被問『未來十年，有什麼會改變？』然而，我幾乎沒被問過『未來十年，有什麼不會改變？』」其實，我認為後者更重要，因可根據真正不變而穩定的事物，建立商業策略。

為什麼我們要洞察底層邏輯？因為當我們掌握了這些不變的規則，我們在面對每件事情時，我們會更清楚該採取什麼樣的因應策略。舉例來說，溝通時，你會需要有同理心，要積極傾聽，

也需要交換彼此的想法。又比如，在解決問題時，定義問題、做出假設、提出解決方案、採取行動驗證假設、獲取結論、調整，並再次假設。

不論是溝通或者解決問題過程，那些不變的要素、框架或規則就是底層邏輯，但懂這些，並不意味著我們就能做好每次溝通，或解決每個問題。

掌握不變的東西，並不意味著萬無一失，畢竟我們每次面對的情境千變萬化，隨著年紀不同，我們溝通的方式會改變，面對的對象不同，我們也會採取不一樣溝通形式，我們可以試著這樣拆解：

**溝通中不變的部分：同理心、積極傾聽、想法交流**

**每次溝通會改變的部分：對象、場合、目的**

這六項可以說是溝通的關鍵要素，我們可以說不論面對什麼樣的對象或場合，同理心、傾聽、交流都是重要的，但面對不同對象、場合、目的時，你仍需要作出一些調整。你可能會覺得這樣還是挺複雜的，但只要熟悉了這個溝通的底層邏輯，並反覆的使用這個邏輯思考與溝通，你的溝通能力就會越來越好。

掌握事物的變與不變，就等同於掌握了世界運作的底層邏輯，你會活成一個明白人，在千變萬化的世界中悠游自在。

# 如何用底層邏輯看清世界的底牌

2016年9月25日，那天我依舊在出差。

本該好好休息的差旅夜，我、羅老師（羅振宇）、脫不花都沒有睡意，因為午夜零點我的課程《5分鐘商學院・基礎篇》正式上線。

這是我在「得到」上的第一門課程，上線過程一波三折。

原本預定在10月上線的課程，突然接到通知，需提早上線。當時這門課程我才錄了兩三節，沒什麼庫存就上線了。

當天零點上線後，又出現了播放問題──因為音訊壓縮導致有金屬音。我馬上拿出隨身攜帶的錄音筆，重新錄了一遍，更換了音訊，折騰到凌晨一兩點才最終完成。

第二天，也就是9月26日，我萬萬沒有想到，當天就有7000多人訂閱了《5分鐘商學院》。

我非常高興，但也誠惶誠恐。自此，我終於開啟了一個承諾，一個要花一整年交付的承諾。

2016年，是非常辛苦的一年。我有半年以上的時間都在出差的路上，剩餘時間，每天都要花14個小時來做《5分鐘商學

院》。但是，一切都有了回報。一年後，這門課程已經有了14萬名學員。

五年後的今天，這門課程已經有46萬人加入。這也就意味著，有32萬名學員是在課程正式結束之後加入的，這更令我高興。

因為我不希望這只是做一年就結束了的事。我希望做一件能夠長期延續下去的事情，於是，在這門課程中，我講述了一些商業的底層邏輯，因為只有底層邏輯才有生命力。在面臨變化的時候，底層邏輯能夠應用到新的變化裡面，從而產生新的方法論。

什麼是「底層邏輯」？

2012年，馬雲和王健林設了一個「億元賭局」——如果10年之後，電商在中國零售市場所佔的份額超過50%，王健林就給馬雲1億元，如果沒超過50%，馬雲給王健林1億元。

今天，我們回看多年前的這個賭局，不得不深思：為什麼這兩個人對各自代表的線上、線下經濟的看法，會有如此大的分歧？一方打敗另一方，是因為二者之間有天大的不同嗎？不是的。是因為相同的地方更多，一方才有機會「幹掉」另一方。

以萬達為代表的線下經濟和以阿里巴巴為代表的線上經濟，在底層邏輯上沒有本質的區別。從本質上來說，二者都是流量、轉化率、客單價和回購率四部分的不同組合。可能一方的做法與另一方不一樣，但是雙方服務的客戶、提供的價值是一樣的。就

好比一個做鞋子的幹不掉一個賣水果的，因為他們之間沒有太多相同之處。

兩個人發生爭執的時候，一定是因為他們之間有更多的相同之處，而不是不同之處。完全不同的兩個人是吵不起來的。

事物間的共同點，就是底層邏輯。

只有不同之中的相同之處、變化背後不變的東西，才是底層邏輯。

只有底層邏輯，才是有生命力的。

只有底層邏輯，在我們面臨環境變化時，才能被應用到新的變化中，從而產生適應新環境的方法論。

所以我們說：

**底層邏輯＋環境變數＝方法論**

如果只教給你各行各業的「乾貨」（方法論），那只是「授人以魚」，一旦環境出現任何變化，「乾貨」就不再適用。

但如果教給你的是底層邏輯，那就是「授人以漁」，你可以透過不變的底層邏輯，推演出順應時勢的方法論。

所以，只有掌握了底層邏輯，只有探尋到萬變中的不變，才能動態地、持續地看清事物的本質。

在這本書中，我把在《5分鐘商學院》中講述的底層邏輯的內容進行了總結，與你分享是非對錯、思考問題、個體進化、理解他人、社會協作五個方面的底層邏輯，帶你看清世界的底牌。

　　「底層邏輯」來源於不同中的相同，變化背後的不變。

　　「底層邏輯」並不局限於商業世界。希望你在看到千變萬化
的世界後，依然能心態平靜、不焦慮，能夠透過「底層邏輯＋環
境變數」不斷創造新的方法論，看清世界的底牌，始終如魚得
水。

# 底層邏輯
### 看清這個世界的底牌

目錄

## PART 1.
## 是非對錯的底層邏輯

## PART 2.
## 思考問題的底層邏輯

# The Underlying Logic

How to See the Essence of Things.

## PART 3.
## 個體進化的底層邏輯

# PART 4.
# 理解他人的底層邏輯

# PART 5.
# 社會協作的底層邏輯

# PART1.

## 是非對錯的底層邏輯

# 一個人心中，應該有三種「對錯觀」

一位悍匪經過周密的計畫，綁架了首富的兒子。最終，首富以數億元贖回了兒子。整個過程驚心動魄、跌宕起伏，不輸一部警匪大片。其中，一段首富和綁匪的對話卻令人深思。

綁匪問首富：「你為什麼這麼冷靜？」

首富回答：「因為這次是我錯了。我們在當地知名度這麼高，但是一點兒防備都沒有，比如我去打球，早上5點多自己開車出門，在路上，幾部車就可以把我圍下來，而我竟然一點防備都沒有，我要仔細檢討一下。」

什麼？首富說自己錯了！為什麼？明明是綁匪違反了法律，綁架了他的兒子。

從法律上來說，肯定是綁匪錯了，所以綁匪要為他的行為坐牢，接受法律的制裁。但我們站在首富的角度看，也許這種事情透過加強安保等措施是可以避免的，他卻因為沒有做，導致兒子被綁架，最終花了數億元贖回兒子。還好最終破財消災了，如果被撕票，那損失就更大了。到那時，即使用法律手段制裁了綁匪，又有什麼用？損失已經發生，且無法挽回。所以，首富這時說他錯了，是他真覺得自己錯了，不是客氣。

首富的這種處事方法，在心理學領域，可由一個重要概念來

解釋，叫**課題分離**。

「課題分離」理論由奧地利心理學家阿爾弗雷德·阿德勒（Alfred Adler）提出，原意指「要解決人際關係的煩惱，就要區分什麼是你的課題，什麼是我的課題」。綁架索要贖金，是綁匪的課題，而因綁架遭受損失，是首富的課題。

比如，有人在地鐵裡踩了我一腳，誰的錯？我的錯。

明明是他踩了我，為什麼是我的錯呢？難道我不應該要求他道歉嗎？我可以要求他道歉，但是，道歉有什麼用？而且，我要求他道歉，不需要花時間嗎？他要無賴和我吵起來，不是更需要花時間嗎？我的時間難道沒地方花了嗎？對方還可能反咬一口：「你怎麼把腳亂放啊?!」

那怎麼辦？我要說「我的錯，我的錯」，然後心平氣和地走到旁邊。這是因為，我的時間比他的值錢，浪費同樣的時間，我的損失大──「誰的損失大，就是誰的錯」。

一個人心中，應該有三種「對錯觀」：①法學家的對錯觀，②經濟學家的對錯觀，③商人的對錯觀（見圖1-1）。

舉個例子：壞人A誘騙好人B進入C的沒有鎖門的工地，B失足摔死了。請問，這是誰的錯？

## 法學家的對錯觀

對於上述情況，法學家可能會說：「這當然是A的錯，這就

圖1-1　一個人心中應該有三種「對錯觀」

是蓄意謀殺，還有什麼好討論的！」

　　是的，如果證據確鑿，在法學家眼中，這就是A的錯。但是，這種「大快人心」的對錯觀，不一定能避免類似案件再度發生——法學家做不到的事情，經濟學家也許能做到。


## 經濟學家的對錯觀

　　對於上述情況，經濟學家可能有不同看法：是C的錯。

　　也許有人會說：「啊？為什麼啊？C也太冤了吧？」

　　經濟學家是這樣考慮的：整個社會為避免B被A誘騙進入C的

工地要付出的成本，比C把工地的門鎖上的成本高得多，雖然懲罰C會讓其覺得冤，但是以後所有工地的擁有者就都會把門鎖上了，於是這樣的事情會大量減少。經濟學家是從「社會總成本」的角度來判斷一件事的對錯在誰。雖然有時這樣的判斷看上去不合理，但會比從「純粹的道義」的角度更有「效果」。

## 商人的對錯觀

對於上述情況，商人可能這樣想：不管是A的錯還是C的錯，B都死了；不管讓誰承擔責任，B都無法起死回生 —— 從個體利益最大化的角度看，B只能怪自己。

也許B在生命的最後一刻，會想：「這是我的錯，我不該蠢到被A誘騙至此。」

再看一個例子。一個人走在人行道上時，一輛卡車衝他疾馳而來，所有人都大聲呼喊，叫他讓開，他卻淡定地說：「他不能撞我。他撞我是違反交通法規的，他要負全責。我就不讓。」最後，這個行人被卡車撞死了。

這是誰的錯，卡車司機的錯？當然。但是，這樣的判斷無法救回行人的命。

行人那時應該這樣想：不讓，就是我錯，因為不讓開我就會死。

對於第一個例子，法學家認為A錯，經濟學家認為C錯，商

人認為B錯，這就是三種「對錯觀」。

如果你是評論家，可以選擇法學家的立場；如果你是政策制定者，可以選擇經濟學家的立場；如果將要失足摔死的就是你自己，我建議你選擇商人的立場——「我的錯，都是我的錯」，因為「我的損失最大」。

總之，誰的損失大，就是誰的錯。

---

## 小提示

判斷損失發生後應該怪誰，就看誰因此損失大。

一件事情出現不好的結果時，責怪、埋怨、後悔都是無用的，它們改變不了結果。

如果自己有所損失，只能怪自己，也只有自己才能改變事情最終的結果——靠自己，自強者萬強。

# 人性、道德和法律

劉晗老師在得到課程《劉晗・法律思維30講》中有以下這樣一段表述。

電影《烈日灼心》中，段奕宏扮演的員警說過這麼一段話：

「法律特別可愛。它不管你能好到哪兒，就限制你不能惡到沒邊兒。它清楚每個人心裡都有那麼點髒事兒，想想可以，但做出來不行。法律更像人性的低保，是一種強制性的修養。它就踏踏實實地告訴你，至少應該是什麼樣兒。」

我第一次聽到這段話的時候，就感到很震撼，覺得這個員警說出了法律和人性的根本關係。

但我還想補充一點，法律裡不是沒有規定上限，那些「人人平等」的宣誓性條款都是全人類的共同期待，只是法律不會給這樣的表述附加法律責任，變成強制性的義務。這就像，你不能強迫人人都做好人，否則就要砍頭，那樣的話，法律就會顯得過於嚴苛。

所以，在更多具體的規則當中，法律人克制了對上限的追求，更多地關注下限，避免本應維護社會秩序的法律，成為社會的災難。只有這樣，人們才能在保證下限的基礎上，努力地追求上限的目標。

　　我非常認同他的這段表述，接下來，我們談一談人性、道德
和法律（見圖1-2）。

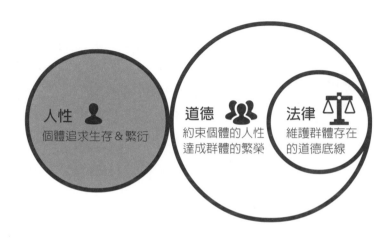

圖1-2　人性、道德和法律

## 人性

　　人性，到底是什麼？人性只涉及兩點：生存和繁衍。這兩點
無善無惡。母性是人性嗎？是的。母親犧牲自己保護孩子，是為
了繁衍；愛美是人性嗎？是的。有的人愛美也是為了獲得繁衍的
機會。

　　炫富是人性嗎？是的。有的男性炫富，和孔雀開屏一樣，也
是為了爭取異性，最終獲得繁衍的機會。

　　感恩是人性嗎？寬容是人性嗎？不是，這些是道德。

## 道德

道德和人性是什麼關係？

人是一種群居動物，個體的生存、繁衍和群體的繁榮、衰退有著互為因果的複雜關係。如果每個人只追求自己的生存，最簡單的方式就是「不勞而獲」，搶奪同類的食物，甚至不惜殺死同類。那麼群體的規模會逐漸變小，小群體中的個體也會因無法對抗外敵而死掉。經過多年的進化，人類的社會屬性部分漸漸形成了一套「約定俗成」的規範。這套規範，就叫作「道德」。

感恩是道德。感恩的本質是「預付費制的交換」：「你先幫我，我必將幫你」。這將潤滑群體的協作關係。

寬容是道德。寬容的本質是「允許犯錯的協作體系」：以協作為目的帶來的意外傷害，可以被原諒。這將鼓勵群體擁有協作的勇氣。

人性，是個體追求生存、繁衍的本能。可是，不受約束的個體的人性，一定會使個體彼此傷害。道德，就是用來約束個體的人性的，在此基礎上，可以實現群體的繁榮。個體之所以願意接受道德的約束，是因為群體的繁榮最終會讓個體受益。

道德不是人性的內在要求，甚至在大部分情況下，道德是反人性的。恰恰因為道德常常是反人性的，才需要大量的引導和約束。

引導，採用的是宣傳、輿論等有長效但見效慢的方法，比如

透過文化、價值觀等引導。

約束，採用的是懲罰、驅逐等「劇烈」但立竿見影的方法，比如透過社會結構、利益結構、法律等約束。

## 法律

每個時代的人都會給道德中的社會規範「畫一條最低的線」——底線，這條底線就是法律。法律是道德的子集，是一旦觸犯必然受到懲罰的道德。

比如，一個母親殺死了自己的孩子，我們說她沒有「人性」，但不會說她不「道德」，因為繁衍屬於人性。

一個人插隊，我們會說他「不道德」，但不會說他「沒有人性」，因為「保護群體利益」屬於道德。

一個人因口角之爭而殺了另一個人，我們會說殺人者「觸犯法律」，應當受到懲罰。他們雙方對彼此的謾罵屬於對社會影響不大的「不道德」，但是，殺人者的舉動及造成的結果是會極大地影響群體繁榮的「不道德」。

## 小提示

人性，來自「自私」的基因。

道德，是為了群體的繁榮，最後促進個體的生存、繁衍，大家共同達成的「社會契約」。道德，常常是反人性的。

法律，是道德的子集，是維護群體存在的道德底線。

# 人生的三層智慧：博弈、定力、選擇

如何擁有一個自己說了算的人生？學習，擁有智慧。在這個時代，想要活得很好，需要知識，但更需要智識。

如何獲得人生的成功和幸福？依靠智慧。世界過於複雜，有太多不確定性，需要智慧為我們指點迷津。

是否擁有智慧，以及擁有什麼層次的智慧，決定著人與人之間的差距。

在人生中，博弈是第三層智慧，定力是第二層智慧，選擇是第一層智慧（見圖1-3）。

圖1-3　人生的三層智慧：博弈、定力、選擇

## 博弈的智慧

常言道，「商場如戰場」、「職場如戰場」。生活本身就是戰場，是戰場，就少不了人；有人，就有競爭；有競爭，就有博弈。

很多時候，我們會為朋友兩肋插刀，但也有時候，我們會被別人刀插兩肋。試探、談判、斡旋，如何既求取所想，又全身而退，是不折不扣的技術活兒──畢竟，即便我們知曉所有的「戲碼」，也無法估量人心的「瘋狂」。

博弈的智慧，是人生的智慧。

怎麼博弈？一要靠心態，二要靠策略。

什麼心態？共贏和感激。

每個人都是獨立的個體，與世界進行價值交換。價值交換只有一個原則──共贏，即合作雙方都可以獲得價值。

「我一定要贏，你一定要輸，為此我願意費盡心機，不擇手段」，這是「雞」的心態。

「我一定要贏。你如果輸了，那對不住，別怪我。我消滅你，與你何干」，這是「雀」的心態。

「我一定要贏，你也一定要贏。如果一方的勝利要建立在另一方的失敗之上，那就不做了」，這是「鷹」的心態。

「雞」、「雀」、「鷹」的心態對應的是不同的境界。

我認為，要嘛共贏，要嘛不幹。

那感激呢？每到一個新階段，我們都要感激上一個階段幫助過我們的人，尤其是那些在最艱難的時候還願意信任我們的人——滴水之恩當湧泉相報。

創業剛開始時最喜歡你、支持你的用戶，你給予最用心、極致的服務了嗎？

最初無條件信任你的合作夥伴，你給予最優惠的價格了嗎？

陪著你吃泡麵、睡公司的員工，你給予最豐厚的激勵了嗎？

請記住，雪中送炭，永遠比錦上添花難得多。

共贏和感激，用這樣的心態「以不變應萬變」地參與博弈，可能眼前會吃小虧，但長遠看會贏得大利。

那策略呢？我認為要「一報還一報」、「以牙還牙，以眼還眼」。

之所以這樣說，是因為在博弈論電腦類比實驗中，重複對方上一次的動作，最終得分最高——重複對方的動作，是最好的「生存策略」。

總是當老好人，容易被欺負。「一報還一報」，是對自己的保護。你的善良，應該有點兒「鋒芒」。

天黑路滑，社會複雜；江湖險惡，人心叵測。我們需要博弈，更需要博弈的智慧，也許最明智的處世之術就是既對世俗投以白眼，又與世浮沉。

## 定力的智慧

確實，世界上有太多的誘惑。「亂花漸欲迷人眼」，太多東西在搶奪我們的注意力，讓我們失去目標，偏離方向。

我在得到課程《5分鐘商學院》中講過一個故事：

三條獵狗追一隻土撥鼠，土撥鼠鑽進了樹洞（樹洞只有一個出入口），突然，一隻兔子鑽出了樹洞，飛快地奔跑，然後爬上了一棵大樹。兔子在樹上沒站穩，掉下來砸暈了正仰頭看的三條獵狗，最後兔子逃脫了。

聽完後，你想說什麼？

有人說，兔子不會爬樹。有人說，兔子怎麼可能同時砸暈三條獵狗。他們說的都對，但是，怎麼沒人問土撥鼠到哪裡去了？

我們常常會跟丟了「土撥鼠」，就像丟了自己的目標。

在生活中，最容易讓我們迷失的，往往是金錢。我常說，在35歲之前不要在乎自己的收入是多少錢，成長了多少才是我們最應該關注的收入。這是因為你總有一天會發現，當初為了多幾千元的工資，從一家公司跳槽到另一家公司，是多麼愚蠢可笑的事情。

在一份工作中，你最想得到什麼？最想學習、收穫什麼？它們才是你的目標。有些錢，是專門來誘惑我們放棄長遠目標的。

我剛開始創業時，公司的定位是提供戰略諮詢。有一次，微

軟的老領導給我介紹了一個客戶，對方希望我去做一次管理諮詢。我知道老領導是為我好，我很感激，但我婉拒了。

對此，你可能會想：一個創業者，有生意做就不錯了，怎麼還挑活兒呢？因為管理諮詢不是我的目標，這不是我應該賺的錢。

做這個選擇是艱難的，但我知道，為了更長遠的目標，要有定力。定力，可以換成一個我們更熟悉的詞——**長期主義**。

亞馬遜創始人傑夫·貝佐斯（Jeff Bezos）在1997年致股東的信中就寫了這麼一句話:"It's all about the long term."，即一切都將圍繞長期價值展開。這句話的意思是說，貝佐斯更加注重長遠的利益，而不是短期的股票收益，他會持續推動亞馬遜著名的「飛輪」運轉：

商品價格降低，意味著會有更多的顧客；更多的顧客，意味著會有更多的賣家；更多的賣家，意味著會有更大的銷售規模和更多的銷售管道；更大的銷售規模和更多的銷售管道，意味著供應鏈會得到優化，從而使商品價格進一步降低；商品價格進一步降低，又意味著會有更多的顧客……就這樣，一圈，一圈，又一圈。

貝佐斯推動了二十餘年，讓「飛輪」的轉速越來越快，從而不斷獲得成功。二十餘年，這是一個怎樣的數字，其背後的艱辛，難以想像。

有人說過他傻嗎？我想一定有。

有股東給過他壓力嗎？我想也一定有。

但是，他想過放棄嗎？我想也許沒有。

他心中裝的不是一時一刻，而是更加長遠的長期主義。

定力，是人生的智慧──最終的勝利，常常是時間的勝利，是長期主義的勝利。

## 選擇的智慧

沒錯，人生是由一連串問答題串起來的，但人生更是由一連串選擇題串起來的。我們要不斷地選擇：上哪所大學？在哪個城市打拚？做什麼樣的工作？找什麼樣的人當伴侶？……人生的軌跡，往往就是由那麼幾次關鍵的選擇決定的。遺憾的是，大多數人不知道自己有得選，也沒有勇氣選擇。

什麼叫不知道自己有得選？

不管是「前浪」還是「後浪」，現在都生活在和平時代，生活在物質豐饒的世界中，每個人都擁有許多前人夢寐以求的權利──選擇的權利。只是，許多人渾然不知。

不少人「渾渾噩噩」地度過每個工作日：2個小時通勤，8個小時坐在辦公室的格子間裡，朝九晚六，日復一日。還有人過著「996」和「711」的生活，幾乎沒有私人時間。

有些人很幸運，他們能在工作中找到意義，並願意為此付出

一生的時間「燃燒」自己。有些人,工作對於他們而言,只是在固定的時間出現在固定的地點,做著固定的事情——重複,重複,再重複。他們或許想的是,「就這樣吧,反正也沒得選」。

還有些人,他們甚至承受了更多的苦難,也不願意交出自己的選擇權。

維克多・弗蘭克爾(Viktor Frankl)在第二次世界大戰期間被送進奧斯威辛集中營——真正的人間地獄,無數人被失蹤、被消失,成為一串串火苗飄向了天空。身處這樣的環境之中,你會怎麼辦?因絕望、恐懼而選擇放棄,還是高貴地面對苦難,積極主動地活下去?維克多選擇了後者——在絕望中選擇生存態度的自由,是人最後的自由。蘇聯軍隊攻克奧斯威辛集中營後,維克多終於重獲自由,後來,他寫下了那本著名的書——《活出意義來》(Men's search for meaning)。

像他這樣的人,還有很多。他們可能是身陷囹圄卻還借用四三拍鋤草的音樂家,可能是說出「世界那麼大,我想去看看」的普通人,也可能是意識到自己可以擁有選擇權的你。

那麼,有勇氣選擇是什麼意思?

有些時候我們意識到自己可以選擇,但可能患上了選擇困難症,不知道怎麼選擇,也不敢選擇。

「我想選擇A,去創業,驚險刺激。但是,創業有太大的不確定性,太辛苦了。」

「我想選擇B，去上班，找到一份穩定的工作，薪資高，福利好。但是，太束縛，太單調，太無聊了。」

面對這種情況，怎麼辦呢？聽說「小孩子才做選擇，成年人都想要」，我都選行不行？

想得挺美，當然不行——成年人，更要選擇。

學會選擇，常常就是學會放棄：選擇一個，放棄其他。選擇有時比努力重要，但放棄有時比選擇更重要。我們應勇敢選擇，然後享受好處，承擔壞處。

人生的悲劇，往往來自看著前方，又想著後方，最後無路可走。

## 小提示

人與人之間的差距來自哪裡？來自是否擁有智慧，以及擁有
什麼層次的智慧。

在人生中，博弈是第三層智慧，定力是第二層智慧，選擇是
第一層智慧。如何博弈，如何保持定力，如何做出選擇，都
決定著人生的走向——選擇做某件事情，憑藉長期主義形成
自己的定力，和這個世界重複博弈。

希望在這個複雜多變的世界裡，我們都能全身而退，實現多
方共贏；能拒絕誘惑，保持定力；能勇於選擇而不後悔，隨
心所欲而不逾矩；能擁有智慧，實現自己的人生目標。

# 公理體系VS邏輯推演

我本科是學數學的，在數學這個有公理體系（Axiomatic system）的世界裡，大師們幾乎從不吵架。為什麼？是因為他們醉心研究、不問俗事，所以脾氣好嗎？當然不是。是因為他們懶得吵架，他們只「打架」，甚至「決鬥」。

數學，是武行——你提出了一個新觀點？請證明給我看。能證明，我甘拜下風，不能證明，你就輸了，有什麼好吵的，打一架多乾脆。吵架是人文學科才用的「研究方法」。

在有公理體系的世界裡，只有能證明的和不能證明的。大師與大師的差異，是智商的差異，不是口才的差異。

但是，大部分學科領域，是沒有公理體系的，比如經濟學。

這並不是說，這些領域的研究者智商不如數學家，而是說在這些領域，僅僅靠智商是沒用的。因為沒有公理體系，只靠邏輯演繹，想要得出不容置疑的結論是不可能的。所以，這些領域的研究者更值得敬佩。

他們遇到的挑戰，遠不如數學那麼單純。他們不斷提出新的觀點和模型，但是只要舉出支援的例子，就總有人舉出反對的例子，緊接著，就開始吵架了，都說對方是特例。

中國人用四個字來形容這種「研究方法」：文人相輕。數學

家們說，我們才不相輕，我們相殺，不服就幹，生死看淡，誰怕誰！這兩種「研究方法」的差別，又可以用八個字來形容：文無第一，武無第二。

《大亨小傳》的作者費茲傑羅（F. Scott Fitzgerald）說，我來做個和事佬吧。他把「文無第一」這四個字，翻譯成了一句英文："The test of a first-rate intelligence is the ability to hold two opposed ideas in the mind at the same time, and still retain the ability to function."

再翻譯回中文，就是：「同時持有全然相反的兩種觀念，還能正常行事，是第一流智慧的表現。」用通俗的話說就是：「別吵了。你們都對，你們都對。」

但是，這種「你們都對」，就給學習經濟學帶來了很大的麻煩──你們都對，那我學誰的「更對」呢？

我有三個建議。

## 學李白，也要學杜甫

如果有人告訴你，他最近在學經濟學，你一定要問他：「你在學習什麼經濟學？」如果有人對你說，經濟學上有什麼樣的觀點，你一定要問他：「誰的經濟學這麼認為？」

這時，他只要稍微一愣，就說明，他其實還不懂經濟學。

請回答一個問題：下面幾位經濟學家，你覺得跟誰學習，能

學到「更對」的經濟學？

（1）亞當‧斯密（Adam Smith）（經濟學之父）

（2）阿爾弗雷德‧馬歇爾（Alfred Marshall）（供需理論的提出者，微觀經濟學的奠基者）

（3）約翰‧凱恩斯（John Maynard Keynes）（你不會沒聽過凱恩斯主義吧？）

（4）羅納德‧寇斯（Ronald Harry Coase）（經濟學中最常用的詞之一「交易成本（Transaction cost）」的提出者）

（5）弗里德里希‧海耶克（Friedrich Hayek）（奧地利經濟學派的關鍵人物）

很多人會說：「當然學習亞當‧斯密啊！他是經濟學之父啊。」「看不見的手」、分工理論……他的貢獻人們耳熟能詳。

但是，別急。

亞當‧斯密創立的經濟學，在今天被起了一個名字，叫作「古典經濟學」，然後被放在了書架的最高層。但是，亞當‧斯密提出的「勞動價值論」，卻不被他的一部分徒子徒孫認可。

誰呢？就是以阿爾弗雷德‧馬歇爾為代表的「新古典學派」。

馬歇爾提出，價值不是由勞動創造的，而是由用戶的需求決定的。不管鑽石是撿來的，還是人類製造出來的，價值都一樣。而且，一個人的需求是會變的。比如，當你餓的時候，吃的第一個饅頭的價值比第二個的大，第二個饅頭的價值又比第三個的大。

當然，大衛・李嘉圖（David Ricardo）並不同意馬歇爾的觀點，他繼承了亞當・斯密的衣缽。

馬歇爾更大的貢獻，是提出了供需理論：供需關係決定價格。這個理論讓寇斯歎了口氣：當你說供需決定價格時，就預設了一個條件──「當所有其他要素不變時」。其他所有要素都不變，這可能嗎？你們這些「黑板上的經濟學」！

一些經濟學家立刻嘲笑寇斯：你的「交易成本」才是被濫用得最多的吧？你說誰的損失大誰負責，因為這樣交易成本低，社會福利高。那法院在判案的時候，是不是要調研一下商品的市場價，看看誰的損失大呢？如果市場價格波動快的話，會不會剛宣判就要翻案呢？

凱恩斯站出來說：「新古典」你們這些人別嘚瑟，「自由市場」的邏輯就是有問題的，會導致經濟危機，需要國家干預。

新古典經濟學家們說：不對，你說的是短期，我們說的是長期。

凱恩斯說：長期？那時我們都死了。

海耶克站出來說：凱恩斯，你才是錯的。經濟週期是必然的，我可以證明給你看。

某些新古典經濟學家呵呵一笑：奧地利經濟學派，民間經濟學家的最愛。在我們主流經濟學面前，你就閉嘴吧。

好，現在再來回答這個問題：你學習的是什麼經濟學？你說

的是誰的觀點？

你一定瞭了。這個世界上，並不是只有一套經濟學。

薛兆豐老師在他的課程《薛兆豐的經濟學課》裡專門有一講，叫作〈聰明人為什麼會彼此不同意〉，就講了這個問題。薛老師用一張表（見表1-1），來說明不同學派對總體經濟學問題的看法。

我不是在說一門經濟學，而是在說很多經濟學。

學習經濟學，一定要兼聽。學李白，也要學杜甫。

## 給每個模型找個反例

查理・蒙格（Charles T. Munge）在《窮查理的普通常識》（Pool Charle's Almanack）裡說過這樣一句話：「如果我不能比這個世界上最聰明的人更能反駁這個觀點，我就不配擁有這個觀點。」

很多人不理解這句話：為什麼我要反駁自己的觀點？如果我成功地反駁了自己的觀點，就證明這個觀點不對，那我為什麼還要擁有這個觀點呢？

那是因為，在經濟學世界，沒有一個觀點具有普遍的解釋力。所有的觀點，理論上都可以被駁倒，至少能舉出反例。

經濟學不是基於公理體系的學科。沒有一個模型，能解釋所有的經濟現象。如果有，一定是因為提出這個模型的時候，一些新的經濟現象還沒有發生，或者提出者沒有注意到。

表1-1　不同學派對宏觀經濟學問題的看法

| 學派 | 波動來源 | 預期[1] | 價格調整[2] | 市場調整 | 均衡觀[3] | 影響時間[4] | 規則／相機[5] | 收入政策（Income Policy） |
|------|---------|--------|-----------|---------|----------|-----------|-------------|----------------------|
| 正統凱恩斯主義 | 消費需求獨立波動 | 自我調整的 | 相對僵化 | 能力弱 | 無法達到充分就業 | 短期 | 相機 | 局部贊成 |
| 正統貨幣主義學派 | 貨幣供給的干擾 | 自我調整的 | 靈活的 | 能力強 | 總能達到自然失業率 | 有時短期，有時長期 | 規則 | 無關且騷擾會扭曲復甦進程 |
| 新古典學派 | 貨幣供給的干擾 | 理性的 | 極端靈活的 | 非常強 | 總能達到自然失業率 | 長期與短期無區別 | 規則 | 同上 |
| 真實經濟週期學派 | 來自供應方（技術層面）的衝擊 | 理性的 | 極端靈活的 | 非常強 | 總能達到動態的自然失業率 | 長期與短期無區別 | 規則 | 同上 |
| 新凱恩斯主義學派 | 在供給和需求之間折衷 | 理性的 | 強調價格剛性（如菜單成本） | 緩慢 | 存在非自願失業 | 總體而言是短期的 | 眾說紛紜 | 總體而言持否定態度 |
| 奧地利學派 | 貨幣供給的干擾 | 理性的 | 靈活的 | 能力強 | 趨於均衡 | 有時短期，有時長期 | 規則 | 有害且會扭曲復甦進程 |
| 後凱恩斯主義學派 | 消費需求獨立波動 | 理性的 | 黏性 | 非常弱 | 無法達到充分就業 | 短期 | 相機 | 必須且是有益的 |

---

1　「波動是否可預期」的意思。
2　「價格能否調整」的意思。
3　「能否達成均衡」的意思。
4　「經濟週期」的意思。
5　「見機行事」的意思。

比如，亞當・斯密認為：透過市場這雙「看不見的手」的調節，個體追求私利的行為，反而會促進集體利益最大化。舉個例子，早餐店賣豆漿油條，是因為怕你餓著嗎？不是，他們是怕自己餓著。因為賣油條給你，可以賺錢，讓他們填飽肚子，所以他們才會賣油條。但是，這個看上去自私的行為，客觀上卻幫助你省了做早飯的時間，讓你把精力花在更重要的事情上，可以賺到更多的「油條」，整個社會的財富因此增加了。這就是著名的「為己利他」的假設。

但是，這真的是對的嗎？

著名數學家阿爾伯特・塔克（Albert Tucker）舉了一個反例，就是著名的「囚徒困境（Prisoner's dilemma）」。

兩名囚徒A和B被隔離審訊。如果兩人背叛彼此，都坦白罪行，會都被判刑8年；如果一人坦白，一人不坦白，坦白的人直接釋放，不坦白的人則被重判15年。如果兩人合作，都不坦白呢？會因為證據不足，都只判1年（見表1-2）。

囚徒應該怎麼做？

顯然，「都不坦白」是最優策略，兩人都判得最輕。

但是，「都不坦白」經不起考驗：如果一名囚徒單方選擇背叛，將立即獲釋，誘惑太大。而且就算一方守口如瓶，萬一另一方背叛了呢？守口如瓶的一方反而會被判15年，風險太高。「都不坦白」，太考驗人性。

表1-2　囚徒困境

| 囚徒困境 | | A | |
|---|---|---|---|
| | | 合作（不坦白） | 背叛（坦白） |
| B | 合作（不坦白） | A：判1年<br>B：判1年 | A：判0年<br>B：判15年 |
| | 背叛（坦白） | A：判15年<br>B：判0年 | A：判8年<br>B：判8年 |

「都坦白」呢？那兩人都獲刑8年。這時，如果一名囚徒單方決定守口如瓶，他的8年刑期將立刻變為15年，而另一人則被釋放。這對自己一點好處都沒有，如果兩名囚徒是理性的，都不會這麼做。

「都坦白」，才是理性的選擇。但這樣一來，個體追求私利的行為，並沒有促進集體利益最大化。

其實，亞當‧斯密的「為己利他」假設，還有很多反例，比如公地悲劇、1美元拍賣等等。

你能說亞當‧斯密錯了嗎？亞當‧斯密的假設，在很多情況下依然是正確的。但是，你必須知道，它至少是有反例的。為己，並不都能利他。

這時，我要送給你羅曼‧羅蘭（Romain Rolland）的一句話了：「這個世界上，只有一種真正的英雄主義，那就是認清了生活的真相後還依然熱愛它。」

驗證自己是否真的理解一個經濟學觀點，不僅要看你是否認同能證明它的例子，更要看你是否理解能推翻它的例子。

## 每個理論都有前提

網上有一句話很流行：價格決定成本，而不是成本決定價格。

這句話，我有時候也會說。舉個例子，一支鋼筆在我心裡值100[6]元，賣鋼筆的人說它的成本是180元，200元賣給你，不貴。我只好說：「謝謝你的匠心，但在我心裡這支鋼筆就值100元，再貴我就不要了。」於是，賣鋼筆的人只好回去降低成本到90元，再100元賣給我。這就是：價格決定成本，而不是成本決定價格。

但這句話有一個前提，就是「當所有其他要素不變時」。很多人，都把這個前提扔掉了。這裡的「其他要素」是什麼？可能是科技，也可能是政策等等。

當科技進步了，或者工藝進步了，一切就發生了改變。比如，如果福特發明了鋼筆生產線，能夠像製造汽車一樣製造鋼筆，使鋼筆的生產成本大大降低，從90元降到了50元，銷售鋼筆的利潤就從10元漲到了50元，鋼筆行業一下子變成暴利行業。這時，大量企業家就會瘋狂地進入這一行，分享這個暴利。新進入的企業家如何才能獲得競爭優勢？只有降低價格。於是，鋼筆價格就會從100元降到90元、80元、70元，甚至60元。就這樣，鋼筆的利潤又回到了均衡狀態下的10元，但是價格卻從100元降到了60元。成本的降低，決定了價格的降低。

---

6　本書所提到的幣值均為人民幣。

　　事實上，從第一次工業革命開始，整個世界的東西，都變得越來越便宜。這都源於工業革命帶來的成本降低。

　　那麼，「價格決定成本，而不是成本決定價格」這句話錯了嗎？

　　這句話沒錯。但它表述的，只是單一市場裡生產者和消費者之間的博弈，忽視了不同市場之間、生產者和生產者之間的競爭。很多人忘了這句話的成立是有前提條件的。

　　薛兆豐老師在講課時曾說過，寇斯定理（Coase Theorem）最流行的版本是：在交易費用為零或足夠低的情況下，不管最初資源的主人是誰，資源都會流到價值最高的用途上去。簡單來說，就是「誰用得好就歸誰」。從這個角度來說，錢也是一種資源，誰能把錢用好，錢就會歸誰。很多人聽到這句話馬上就興奮了，他們自動在腦海中劃去了科斯定律中「交易成本足夠低或為零時」這個前提。

　　薛老師的課程接著介紹了，寇斯晚年的時候，曾經專門寫文章解釋這個不斷被提到的問題：在真實的世界中，交易成本不可能為零，而且可能是很高的。

　　因此，薛老師總會提醒大家，後面的推論未必會發生。可惜的是，大家只記住了推論，而忘掉了前提。

　　記住每個理論的前提，是學習經濟學的基本素養。

## 小提示

### 如何學好經濟學？

一是學李白，也要學杜甫；二是給每個模型找個反例；三是記住每個理論都有前提。只有這樣，你學的才不是「黑板上的經濟學」，才是既能抽象於真實世界，也能還原於真實世界的「有用的經濟學」。

經濟學家的工作，比數學家的複雜太多。只有這樣學習經濟學，你才不辜負他們卓越的努力。

其實，何止是經濟學。所有不是基於公理體系的學科，都是一樣的。所以，在學習經濟學之前，我希望你能先記住三句名人名言。

第一句是費茲傑羅說的：「同時持有全然相反的兩種觀念，還能正常行事，是第一流智慧的標誌。」這樣，你才會懂得，學李白，也要學杜甫。

第二句是羅曼・羅蘭說的：「這個世界上，只有一種真正的英雄主義，那就是認清了生活的真相後還依然熱愛它。」這樣，你才有勇氣給每個模型找個反例，然後繼續用這個模型。

第三句是查理・蒙格說的：「如果我不能比這個世界上最聰明的人更能反駁這個觀點，我就不配擁有這個觀點。「這樣，你才能時刻提醒自己，每個理論都有前提。

# PART2.

## 思考問題的底層邏輯

# 事實、觀點、立場和信仰

　　我們常說，一個人的表述大概可以分為兩種：事實和觀點。
事實有真假，觀點無對錯。

　　但是細究起來，還可以再細分，至少可以分為四種：事實
（Fact）、觀點（Opinion）、立場（Stand）和信仰（Belief）
（見圖2-1）。

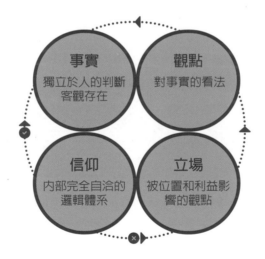

圖2-1　事實、觀點、立場、信仰

## 事實

　　舉個例子，「今天很熱」是不是事實？這不是事實。「今天

攝氏30度」才是事實。熱，是你的觀點。

　　事實，是獨立於人的判斷的客觀存在。現實世界有時複雜到你無法判斷事實。比如，一個豎立的圓柱體，你從上面看，看到的是一個圓形，你從側面看，看到的是一個長方形或正方形。再比如，你看一座山，會覺得「橫看成嶺側成峰」。魚在魚缸裡看到的事實是這個世界是球面的，但你看到的事實卻不是這樣的。

　　總體來說，事實是最不容易產生爭議的客觀存在。我們只能說，我們對事實的瞭解，還不夠全面。

## 觀點

　　觀點，是你對一個事實的看法。觀點和你的關係，比它和事實的關係更加密切。

　　你覺得攝氏30度熱，是因為你冷。你覺得攝氏30度冷，是因為你熱。你的知識結構、你掌握的資訊，以及你的思維模式決定了你的觀點。

　　有人說，網路世界為什麼有那麼多爭論？這是因為人們掌握的資訊不同，有著不同的思維模式。只是他們各自「紮堆」，交集很少，比如，信中醫的和信中醫的「玩」，不信中醫的和不信中醫的「玩」，所以這個世界相安無事。但是，網路把這些人全都彙聚在一起，於是彼此視為異類，吵得不可開交，所有人都覺得自己代表的是「事實」。

## 立場

什麼是立場？立場就是被位置和利益影響的觀點。

有人問你熱不熱，你覺得挺熱的。但如果你在物業公司工作，你一旦承認熱，別人就會要求你開大廈的空調。於是，你一邊冒著汗，一邊說：「我不熱，我就是不熱。」

在這種情況下，除非你能和問你的人有相同的位置和利益，否則，你們是不可能達成共識的。

在辯論場上，這叫「持方」。當你持有正方觀點時，你能面紅耳赤地說服對方，甚至說得自己都相信這個持方觀點了。這時，主持人突然說「交換立場」。雙方都會愣一下，但幾秒鐘後，持有反方觀點的你還是能面紅耳赤地去說服對方，甚至說得好像自己轉而相信這個持方觀點了。

這就是立場──「我們不爭對錯，只爭輸贏」。所以，不要和有立場的人爭對錯。這也是我們常說的「小孩子才談對錯，成年人只談利益」。為什麼？因為小孩子沒有位置和利益。

## 信仰

信仰，是一套完全自洽（self-consistent）的邏輯體系。

你信基督教，我信佛學，他信科學。信仰比立場更厲害，為什麼？因為大家都覺得自己沒有立場，都覺得自己信的是「對」的東西。

沒錯。信仰都是對的，因為你無法證明它是錯的，這就是「邏輯自洽」。

一個有判斷力的人要知道，這個世界上有大量邏輯自洽卻互相矛盾的信仰。信仰內邏輯自洽，信仰間互相矛盾，這時，你只有選擇，一旦選擇，就無法被擊敗。

每個人都有自己的信仰，不要攻擊別人的信仰。因為，第一，你不可能獲勝；第二，你會失去這個朋友。

## 小提示

當一個人持有的不是觀點而是立場時，當一個人「屁股決定腦袋」時，你應該做的事情，是對他說「It's good for you」（這對你有益）。

反過來，我們也要時刻反省自己：我說的話、我的表述，是事實，是觀點，是立場，還是信仰？

# 如何防止「注射式洗腦」？

　　我常被問到一個問題：「潤總，我的產品是業內最好的，為什麼消費者就是不買？」類似的問題還有「潤總，為什麼現在市場上優秀的員工那麼少」，或者「潤總，為什麼只有坑蒙拐騙的公司才能賺錢，踏踏實實做生意就那麼辛苦呢」？

　　如果是你，你會如何回答這些問題？

　　回答說：

　　「你的行銷策略有問題。」

　　「優秀員工少，是因為這一代年輕人都是沒有饑餓感的一代。」

　　「坑蒙拐騙雖然能賺錢，但是不道德。對得起自己的良心最重要。」

　　別急，先別急著回答，因為他們並不是真的想提問，這些問題背後，都藏著「注射器」。他們只是想把一個剛剛注射入自己大腦的觀點，再注射入你的大腦。

## 「為什麼」背後的注射器

　　「為什麼」，是「黃金三問」（Why、What、How）裡最有力量、最有可能觸及靈魂的問題，但也是最危險的問題。

舉個例子，如果我問你「為什麼地球是圓形的」，你會怎麼回答？

（1）因為萬有引力，它讓所有物質儘量保持最短距離。

（2）是為了讓走散的人再相聚。

（3）因為經歷的時間太長，被歲月磨平了棱角。

這三個答案，你會把票投給哪一個？你可能會投給（1），但是對（2）和（3）的幽默和智慧表示讚賞。但是，如果我這麼問你：「為什麼地球是梯形的？」你會怎麼回答？你的第一反應可能是：「什麼？你不是開玩笑吧？地球怎麼可能是梯形的？這是腦筋急轉彎嗎？」

你看，第一個問題「為什麼地球是圓形的」，你的注意力在前半部分，在回答這個「為什麼」上，而第二個問題「為什麼地球是梯形的」，你的注意力在後半部分，在質疑「地球是梯形」這個觀點上。

為什麼？因為地球顯然不是梯形的啊！

但是，在大多數情況下，「為什麼」這三個字後面跟著的觀點，就沒那麼「顯然」了。

比如：

為什麼胖的人相對比較懶？

為什麼電子產品越來越便宜，衣服鞋子卻越來越貴？

為什麼書上說的激勵手段都沒用？

為什麼懂了那麼多道理，還是過不好這一生？

為什麼愛因斯坦晚年改信上帝了？

‥‥‥‥‥

胖的人，真的都比較懶嗎？

愛因斯坦，真的是到晚年改信上帝了嗎？

其實你並不確定。

但是，「為什麼」這三個字的強大之處，就在於會強行把你的注意力吸引到為這個觀點找原因上。

當你開始為它找原因的時候，這個觀點就已經悄悄地被「注射」進你的大腦了。

你會想：「是啊，為什麼呢？是因為胖子動起來太耗能量嗎？是因為愛因斯坦看到了科學的致命缺陷嗎？」

你不會質疑：「誰說胖子就比較懶的？誰說愛因斯坦信上帝的？」

「為什麼＋觀點」這個句式，就是一支「注射器」（見圖2-2）。

## 狡猾的人，用這個句型注射別人

對「為什麼＋觀點」這個句型的非理性反應，是人的思維模式中的重大Bug（漏洞）。這個Bug，常常被狡猾的人利用。

在茶水間，王熙鳳遇到了杜拉拉。

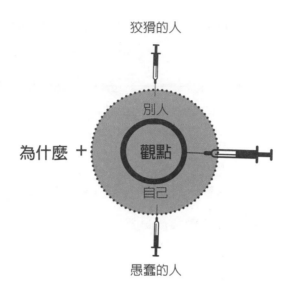

圖2-2　注射式洗腦

　　王熙鳳對杜拉拉說：「拉拉，為什麼最近老闆總是故意針對你啊？」

　　杜拉拉心裡一沉，心想：我怎麼沒感覺到？天啊，我太醉心工作了吧。最近發生了什麼？是老闆要重用那個新人，開始做鋪墊了嗎？

　　雖然心裡翻江倒海，但是杜拉拉只是淡淡地回應了一句：「哪裡，估計是最近業績壓力大吧。能理解。」

　　你看，她自然而然、不自覺地開始回答這個「為什麼」。

　　「估計是業績壓力大吧」，她為這個「為什麼」找到了一個

答案，卻完全不去質疑「老闆總是故意針對我」這個觀點是不是真的。

狡猾的王熙鳳，只不過問了一個有陷阱的問題，就把「老闆總是故意針對我」這個想法注射進了杜拉拉的大腦裡。

你想把什麼想法注射到別人腦中，把它放在「為什麼」這三個字後面，就可以了。

比如，「為什麼愛因斯坦晚年改信上帝了？」你可能說：

「那是受家庭的影響吧？那是時代的局限性使然吧？也許愛因斯坦有別的考量吧？」

不管你怎麼回答，「愛因斯坦晚年改信了上帝」，這個觀點已經被注射到你的腦海中了。

但事實是，愛因斯坦並沒有改信上帝。

把謠言放在「為什麼」後面，是傳播謠言的最佳方法。

「為什麼吃韭菜可以治癌症？」

「為什麼吸煙的人更不容易得新冠肺炎？」

大多數人聽到後，都會好奇地問：「是啊，為什麼呢？」

當你這樣問時，謠言已經被「注射」入你的大腦了。

當你在問朋友「你說，你說，到底是為什麼呢」時，你就開始傳謠了。

## 愚蠢的人，用這個句型注射自己

狡猾的人，用這個句型注射別人。愚蠢的人，卻用這個句型注射自己。

回到最開始的問題：「潤總，我的產品是業內最好的，為什麼消費者就是不買？」

我們用「為什麼＋觀點」的標準格式，拆解一下這個句式，即「為什麼＋我的產品是業內最好的，但消費者就是不買」。

你會發現，提問者在問你「為什麼」的時候，藏了一個他覺得不需要討論的觀點：「我的產品是業內最好的。」

這其實是一種心理暗示，暗示問題一定出在外部，因為「我的產品已經是最好的了」。

他用「為什麼」這個句式，給自己注射了一劑止痛藥。

「我的產品是最好的」，這一針的止痛效果非常好。

但止痛針無法根治消費者不買的真正癥結。比如，事實可能是你的產品根本就不好，至少不是你以為的「最好的」。

理解了「為什麼＋觀點」句式的注射器作用，第二個問題就迎刃而解了。

「潤總，為什麼現在市場上優秀的員工那麼少？」

優秀的員工並不少，否則，華為幾萬人的研發團隊從何而來？問題在於，你的公司支付不起那些優秀員工的報酬。

更可怕的是第三個問題：「潤總，為什麼只有坑蒙拐騙的公

司才能賺錢，踏踏實實做生意就那麼辛苦呢？」

這個問題裡面，有兩個「為什麼＋觀點」的句式。

第一個是「為什麼＋踏踏實實做生意就那麼辛苦」。當他把「踏踏實實做生意就那麼辛苦」這個觀點注射到自己的大腦中後，緊接著給出了「為什麼」的答案：只有坑蒙拐騙的公司才能賺錢。

為了說服自己，他再次借用「為什麼＋觀點」句式，又給自己打了一針：「為什麼＋只有坑蒙拐騙的公司才能賺錢」。

給自己注射完兩針後，他以後的策略也就呼之欲出了：我也要坑蒙拐騙。

因為，這是他認為的這個世界的賺錢邏輯。

但實際上，他之所以很辛苦還不賺錢，可能是因為他在做一件對用戶而言價值感很小的事情。

## 小提示

　　「為什麼＋觀點」，是一支危險的「注射器」。

我猶豫了很久要不要寫這篇文章，因為有人會恍然大悟，用這個「注射器」去操縱別人。但是，最終我還是寫下來了。

因為有人會恍然大悟，知道如何避免被這支「注射器」注射——避免被別人注射，避免被自己注射。

這個世界上最大的「注射器」，是無數電視劇裡演過的那一幕——一個風雨交加的夜晚，主人公跪在磅礡大雨裡，對著蒼天怒吼：「為什麼上天你要這樣捉弄我？」

等一等。

可能上天並沒有捉弄你。你只是單純地輸了。

今天，很多人對著電腦「奮筆疾書」：「為什麼，我做對了所有事情還是輸了？」

等一等。

可能你誤解了「所有事情」這個概念。只是你做錯的事情，太多了。

# 如何贏得一場辯論？

　　我1994年讀大學，就在前一年，1993年，復旦大學代表中國贏得了在新加坡舉辦的首屆國際大專辯論賽冠軍，蔣昌建獲得最佳辯手。一時間，舉國沸騰。

　　這之後幾年，全國各地的大學都非常流行舉辦辯論賽，我所在的南京大學當然也不例外。我在大學一、二年級時參加了很多場辯論賽，獲得過全校的「最佳辯手」。可以說，我受過一些訓練，也有一些實戰經驗。

　　對辯論，我有些自己的理解（見圖2-3）。

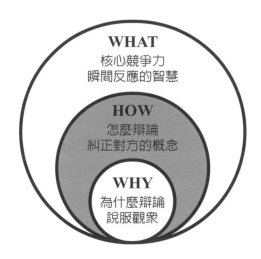

圖2-3　如何贏得一場辯論

## 辯論的目的

首先，辯論的目的是什麼？

辯論的目的，不是說服對方，而是說服觀眾。

從規則設定上來說，對方就是不可被說服的。他可以輸，但是不可被說服，所以，不要試圖說服對方。

對方的表達，只是你的素材，而不是你的打擊對象。你的目的，是利用這些素材說服觀眾，就算說服不了觀眾，也要影響他們；就算影響不了全部，也要影響一部分；就算影響不了他們的觀點，也要影響他們對你的態度。

辯論的目的，甚至不是改變觀眾的觀點，而是改變觀眾的態度。態度改變了，他們會自己改變觀點。沒有人會接受你塞給他的觀點，就算這個觀點是正確的，因為是塞的，他也不願意要。人們只會在安全、舒適、信任的氛圍下，自己取走喜歡的觀點。你要給觀眾營造一個讓他們願意取走你的觀點的氛圍。

## 辯論的關鍵

其次，辯論的關鍵是什麼？

一場表演性質的辯論，有一個「暗黑的祕密」，就是辯論雙方幾乎從不會真正地正面辯論，他們只是在不斷地表達自己的觀點。

怎麼做到？

　　你需要掌握一個技巧：偷換概念。如果覺得很難聽，那就換一種說法：重新定義概念。如果還是覺得難聽，那就再換一種說法：**糾正對方的概念**。

　　什麼意思？當對方說「人性本善」時，他可能會舉一個例子，某人無私地救助一個陌生人，甚至犧牲了自己的生命。這不是經過訓練的，不是經過算計的，而是發自本能的，所以人性本善。

　　你怎麼回應？如果你順著他的思路說下去，這場辯論你就輸了。你應該「糾正對方的概念」。

　　這時，你可以快速思考：對方是怎麼「定義」善的——發自內心、本能地幫助個體。但這真的是善嗎？這個人可能正在指揮一場關乎10萬人生命的戰爭。他救了一個人，卻犧牲了10萬人。正如《三體[7]》裡那個心軟的執劍人，因為所謂的「善」，害死了全人類幾十億人。這不是善，而是披著「善」的外衣的惡。

　　你會發現，對方其實沒有和你「辯論」，他只是巧妙地重新定義了「善」，然後表述了在這個定義下為什麼你是錯的。

　　那麼，你應該怎麼辦？繼續重新定義。

　　你看，一場你來我往的辯論賽，其實雙方從來沒有真正地辯論過，他們只是透過不斷地重新定義一個概念的方式，表達著自己，影響著觀眾。

---

7　中國作家劉慈欣所著長篇科幻小說。

## 辯論的核心競爭力

最後，辯論的核心競爭力是什麼？

辯論的核心競爭力，是「基於邏輯的急智」。

有一次，羅胖（羅振宇）對我說，他發現雖然自己非常擅長演講，但參加《奇葩說》坐在馬東旁邊的時候，竟然根本插不上話。

我理解。演講高手，大多數都不擅長辯論。因為演講的核心競爭力，是在兩小時裡謀篇佈局的能力：這裡先埋下一個「梗」，那裡呼應前面某句話，然後用幽默烘托氣氛，最後用排比句昇華感情。擅長演講的人，適合做導演，他們善於把握兩小時內的節奏。

但是，辯論不同。辯論是10秒內的完整回合，當你還在謀篇佈局的時候，幾個回合已經結束了，你當然插不上話。

10秒一個來回，你無法關注對方的論點，你只能關注對方的邏輯體系。一個人的論點往往由論據和論證構成，即「論據＋論證＝論點」。一個優秀的辯手，總是能輕易「噎死」一個普通人，因為他根本不關心對方的論據，只關心對方的論證。

舉個例子。你說：「我昨天吃了一頓大餐，所以今天心情好。」對方可以立刻接過去：「李四，聽說你昨天也吃了大餐，怎麼這麼愁眉苦臉呢？」李四插科打諢接話說：「我的餐可能不夠大吧，張三，你那餐有多大？」這時，你可能就愣在那裡，不

知道怎麼接了。

從「吃大餐」到「心情好」，這個論證並不嚴謹，只是一般人不在意而已。遇到真正的辯手，三句話就能「噎死」你。

所以，一個真正的辯手，他需要的是瞬間反應的智慧，是「基於邏輯的急智」。

當然，讓辯手去演講，他通常也講不好。因為他擁有的是10秒內的謀劃能力，反而不具備兩小時內的謀劃能力。這也是為什麼相聲演員拍電影大都顯得比較笨拙。因為他們的「包袱」，在時間更長的電影裡，不是顯得可笑，而是顯得滑稽。

---

### 小提示

有很多人，一直習慣於「表達」，但是沒有與人「交鋒」過。所以，一旦辯論，就顯得笨拙。這不代表你的學識不夠，只代表你在工作、生活中遇到的語言衝突不夠，缺乏訓練。

如果你希望訓練自己的辯論技能，我建議你瞭解以上三點（辯論的目的、關鍵與核心競爭力）。

辯與不辯，真理都一直在那裡。辯論，能讓我們看真理的眼睛更加明亮。

# 普通和優秀的差距，
# 在於解決問題的方式不同

在你的成長道路上，無論是在事業還是生活中，你一定會遇到一場又一場遭遇戰，不打招呼、沒有彩排，突然發生。可能是業績突然大幅下滑，可能是產品不良率（Defective Percentage/Defective Rate）大幅上升，也可能是投訴突然變多等等。

當你遇到這些突然而來的遭遇戰時，會如何面對？

普通和優秀的差距，就體現在應對方式上。一個人優秀不優秀，要看他是如何解決問題的。

普通人只能看到事物的現象，而優秀的人總能透過現象看到事物的本質。

## 經驗不靠譜

如何才能像優秀的人一樣解決問題呢？憑經驗嗎？二戰期間，盟軍的轟炸機損失很大，少部分返回來的飛機機翼上也佈滿彈孔。盟軍決定在條件有限的情況下增加飛機部分位置的鋼甲，保護飛行員的生命，提高戰鬥力。可是加在哪裡呢？憑經驗，既然機翼上滿是彈孔，那最需要加強的部分應該是機翼。於是，司令決定，用鋼甲加強機翼。

　　這時，一位擔任盟軍顧問的統計學家說：「司令，你看到機翼中彈還能飛回來，也許正是因為它很堅固。機頭和機尾沒有中彈，也許正是因為這些部分一旦中彈，飛機就飛不回來了。」

　　司令大驚，趕緊派軍隊去戰地檢查飛機殘骸。果然，被擊落的飛機，都是機頭、機尾中彈。飛回來的飛機，可能並不知道自己為什麼沒有被擊落，只有被擊落的飛機才知道。但是，被擊落的飛機，已經永遠無法開口了。

　　普通人憑藉飛回來的飛機的「經驗」，決定加強機翼鋼甲。但是優秀的人會透過現象看到本質，知道那些被擊落的飛機應該是由於機頭或者機尾中彈。

　　憑「經驗」，有時真的不靠譜。

　　有人會說，這是「倖存者偏差（survivorship bias）」，是因為統計的樣本不全，只要在分析問題時、尋找成功經驗時考慮再全面些，就不會犯這樣的錯誤了。

　　真的是這樣嗎？「成功經驗」真的都靠譜嗎？

　　以企業為例。很多企業管理者在企業遇到問題時，會習慣性地去學習其他企業的經驗，尤其是行業內頂尖的企業。這些企業做什麼他們都覺得是對的，都值得自己學習。這些企業總結出來的方法論，也總讓他們有種醍醐灌頂的感覺。但是，這些所謂的「成功經驗」，有時可能並不靠譜。

　　10多年前，作為一名微軟員工，我有時會被邀請去分享微軟

開發軟體的經驗，其中很重要的一點是：一個開發配備兩個測試。許多人聽完表示醍醐灌頂，說微軟這麼強大，原來是這樣開發軟體的啊。

當時有人甚至問我這樣的問題：「你們微軟的員工都用什麼牌子的牙膏？」我愣住了，從沒想到在商業分享中會被問這樣的問題，但還是禮貌地回答了這個問題：「我不知道別人用什麼牌子，反正我自己用的是黑人牙膏。」這時，我看到提問者露出了恍然大悟的表情，好像在說「原來微軟員工用的是黑人牙膏啊！怪不得這麼厲害」。

這不是開玩笑，這是真事兒。

這很可笑，牙膏和成功，有因果關係嗎？但很多人就覺得，微軟這麼厲害，做什麼都是對的，每一個員工都值得「哇」地大聲尖叫，每一次分享都要細細品味和研究。

大約10年後，我再和別人分享「一個開發配備兩個測試」的方法，很多人已經開始鄙夷微軟了。那個時候，微軟的衰落成為他們腦海中既定的事實、一種不可駁斥的結果。在他們看來，微軟已經過時了，說什麼都是錯的。一個開發配備兩個測試？太浪費資源，太不敏捷，太沒有效率……。

這樣的例子還有很多。

我們遇到問題，找尋辦法的時候，經常迷信別人的成功經驗。別人的成功經驗當然重要，但是他分享的方法真的是讓他成

功的經驗嗎？適合不適合我們呢？

不一定。

那我們應該怎麼辦？

## 假設—驗證—結論—調整

我建議你在遇到問題和困難的時候，可以採用「假設—驗證—結論—調整」的方法。

什麼是「假設—驗證—結論—調整」？就是在遇到問題時，先大膽假設，然後去驗證，得出結論，最後根據結論做出調整。

比如前面舉的「二戰飛機」的案例。為了解決給哪個部位增加鋼甲以避免被擊落的問題，我們可以按照這個方法論模擬一遍（見圖2-4）。

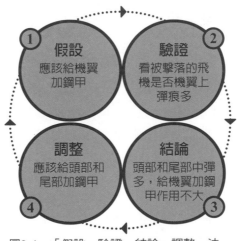

圖2-4　「假設—驗證—結論—調整」法

假設：應該給機翼增加鋼甲。

驗證：去看被擊落的飛機是不是機翼上彈痕多。

得出結論：被擊落的飛機頭部和尾部中彈多，機翼不多，給機翼部分增加鋼甲作用不大。

根據結論做出調整：增加飛機頭部和尾部的鋼甲。

這就是「假設─驗證─結論─調整」這個方法論的簡單應用。透過這個方法，我們就能找到，到底飛機的哪個部位應該增加鋼甲。

這套方法論的本質就是，為了印證假設，而不辭辛苦、不嫌麻煩地去驗證假設，然後得出結論，最後做出調整。

## 就事論事

在使用這套方法論時，我建議你要注意一點：就事論事，不要被立場左右。

我們經常說討論一件事的時候，要對事不對人。比如，公司的產品賣不出去，於是各部門主管一起開會討論，到底是什麼原因。產品部門說是銷售通路、行銷等沒做好；銷售部門說是廣告打得不夠響，很多人都不知道這個產品；市場部門說是公司給的預算不夠，而且產品有瑕疵，精力都用在解決投訴等公關問題上了，品質部門沒把好關；品質部門說是生產部門沒有嚴格按照作業指導書操作……這種扯皮（指推諉）、踢皮球的現象在很多公

司內部經常出現。

這樣的扯皮會，無論開多久都達不成什麼共識，找不出什麼
解決方法。可我們開會討論，不是為了解決公司產品為什麼賣不
出去這個問題嗎？又不是一場追責大會，必須找出一個部門來承
擔責任。所以，為了能真正解決問題，所有人都要秉持著對事不
對人的態度來分析問題。

假設銷售沒賣好，那麼我們就要去驗證，是所有銷售人員都
賣得不好，還是只有一部分銷售人員賣得不好。如果有接近一半
的銷售人員業績還不錯，那麼說明不是新產品的問題，也許是新
產品的銷售方法、話術等還沒有培訓到位。

我們可以逐一去驗證假設，得出結論，然後做出調整。

使用這套方法論一定要從事實出發，對事不對人，而不要被
自己和他人的利益、立場所左右，因為事實更可靠。

## 小提示

我們常說「眼見為實」，經驗很重要。很多情況下，確實如此。但有時，我們看到的表象或者經驗會欺騙、迷惑我們，讓我們看不透事情的本質。

所以我們要做到以下幾點：

一是拋棄經驗，放棄想當然，不要輕易下結論，要懷著空杯心態去看問題。

二是運用「假設—驗證—結論—調整」，大膽假設，小心求證，得出結論，最後做出調整。

三是不要被利益、立場左右，要就事論事。

能做到以上三點，即使是再複雜、繁瑣的事，你也能抽絲剝繭、洞察本質。

# 如何快速洞察本質？

　　對商業顧問來說，最核心的能力，就是透過現象看本質的洞察力。很多同學問我：「潤總，我怎麼才能像你一樣，快速看透一件事情的本質呢？」這個問題，一兩句話很難說清楚。為了回答這個問題，我甚至在得到上專門開了一門課程，叫作《劉潤‧商業洞察力30講》。

　　那麼，到底什麼是洞察力？

　　舉個例子。我在微軟上班的時候，公司提供午餐和晚餐。午餐吃飯的人數一般比晚餐要多，因為不是每個人晚上都要加班。所以，午餐的供應商利潤更高，但是有時候，午餐卻做得很糟糕。怎麼辦呢？

　　這個問題的本質是供應商偷工減料，不好好做嗎？那派人盯著他們，要求他們更新菜譜，或者隔一段時間換一次大廚，是否可行？實際上，這些辦法都沒用。因為改進需要付出成本，而供應商是逐利的，所以會陽奉陰違。

　　為了解決這個問題，微軟制定了一個制度：選兩家供應商，一家負責提供午餐，另一家負責提供晚餐。每三個月做一次滿意度調查，看看員工們是更喜歡午餐還是晚餐。如果喜歡晚餐的多，那麼午餐、晚餐供應商調換。如果連續六個月午餐都勝出的

話，更換晚餐供應商。

　　自從這項制度實施以來，那些表示「我們已經做得很好了」「換口味成本就要大幅提高」的供應商很快就提供了比原來好得多的服務，員工的滿意度也大大提升。

　　這就是洞察本質的人想出來的辦法。

　　這個問題的本質，不是供應商有問題、偷工減料，而是微軟和供應商之間的關係有問題。

　　面對這個問題，普通人的思維模式是要求供應商提高水準，不行就換掉它。但是，當微軟只有一家供應商的時候，供應商是沒有危機感的，無論微軟怎麼督促，供應商都肆無忌憚。而引入另外一家供應商之後，因為有了競爭對手，原供應商就有了被淘汰的危機感，這種危機感會驅使它想方設法地改進服務。

　　所以，洞察本質的人，他們的思維模式是引入競爭機制，讓競爭代替人工督促，去監督供應商提供更好的服務。

　　這，就是洞察力。

　　洞察力，並不是上帝悄悄給某些人的禮物，而是每個人都能透過科學的方法，不斷練習、精進的一種能力。

　　接下來，我就把最核心的洞察方法——「商業洞察力模型」，分享給你。

## 透過表象看系統

我們平時觀察一件事情的時候，觀察到的通常只是表象。

比如，你觀察一支機械手表，你會看到錶盤，錶盤上有時針、分針、秒針，側面還有一個表冠。當機械手表不走了，你可以撥動表冠，給它上弦，表就又開始走了。當時間不準了，你可以拔出並轉動表冠，分針就會跟著轉動，以此來調整時間。這是我們觀察到的、關於機械表的規律。

什麼是規律？你給某個事物一個刺激，它就會產生相應的行為，這就是規律。比如，你撥動表冠，就是對機械手表的一個刺激。撥動表冠之後，表開始走了，這就是你給它這個刺激之後，它所產生的行為。我們平常研究事物所觀察、總結出來的，一般都是這樣的規律。但這些規律其實都只是表象。

更深一步去看，這些規律為什麼會發生？為什麼撥動表冠，表就開始走了，它的動力來自哪裡？為什麼拔出並轉動表冠，分針就會跟著旋轉？……這些問題，我們其實並沒有真正理解。

每一個表象背後，都有一個「黑盒子」。雖然我們看不見這個「黑盒子」，但它才是所有規律產生的原因。我們把這個「黑盒子」，叫作系統（見圖2-5）。

當系統運轉正常的時候，我們可以遵循規律做事。可一旦系統出了問題，規律就失效了。如果你無法洞察表象背後的系統，你就不可能知道問題出在哪裡，更不知道如何解決。

我們鍛鍊自己的洞察力，就是為了理解表象背後的「黑盒子」——系統，從而真正地從本質上解決問題。

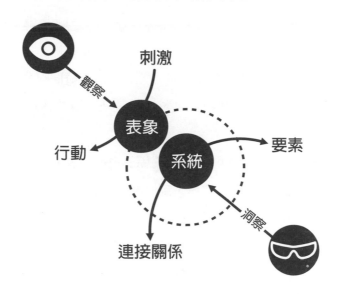

圖2-5　透過表象看系統

## 系統＝要素×連接關係

什麼是系統？系統，就是一組相互連接的要素。

這個定義中，有兩個關鍵字：

（1）要素；

（2）連接關係。

比如，以機械手表為例，錶盤、表冠、錶針以及錶盤背後的幾百個零件、齒輪，就是機械手表這個系統的「要素」。而這幾

百個零件和齒輪是如何銜接、如何咬合的,就是它們之間的「連接關係」。

所謂洞察力,就是透過表象,看清系統這個「黑盒子」裡各個要素以及它們之間連接關係的能力。

我們通常很容易看到「要素」,但常常忽略它們之間的「連接關係」。而問題的解決方案,常常就藏在這些「連接關係」裡。

現在,我們已經知道「連接關係」很重要了,可是,怎麼才能找到它們呢?一個系統裡,到底有哪些「要素」和「連接關係」?

在這裡,我們介紹構成系統的五種模組:變數、因果鏈、增強迴路、調節迴路和滯後效應。其中,變數是「要素」;因果鏈、增強迴路、調節迴路和滯後效應,是四種「連接關係」(見圖2-6)。

任何一個複雜的系統,都是由這五種簡單的、像樂高積木一樣的基礎模組搭建而成的。只要你瞭解了這一點,再複雜的系統,在你的眼裡,都只是這五種「積木」的排列組合而已。

## 變數

變數,就是系統中變化的「要素」。變數會隨著時間的變化而變化,比如你的體重,忽高忽低;比如公司財務,忽好忽壞;

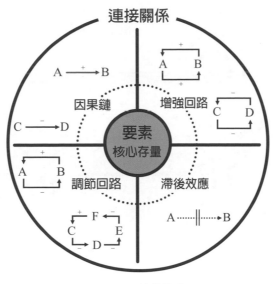

圖2-6 系統的構成

比如門店顧客，忽多忽少。

　　一旦加上時間軸，變數就會呈現出兩種不同的狀態：存量和流量。以浴缸為例，在一個浴缸中，「水」這個變數有兩種不同的狀態。一是存量，就是在一個「靜止的時間點」，浴缸中存了多少水；二是流量，就是在一個「動態的時間段」，有多少水流入浴缸（流入量），有多少水流出浴缸（流出量）（見圖2-7）。

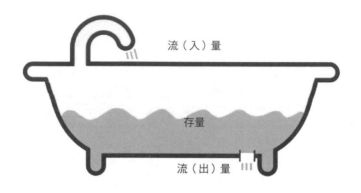

圖2-7　存量與流量

　　理解存量和流量，有什麼用呢？

　　舉個例子。因為一件小事，你的女朋友要和你分手。你很鬱悶：為了一件小事就分手，至於嗎？可是，女朋友和你分手，真的是因為這件小事嗎？當然不是。她之所以和你分手，不是因為任何事情，而是因為一種叫作「不滿」的情緒。

　　「不滿」這種情緒，就像「浴缸」裡的水一樣，是一種「存量」。那件導致你們吵架的小事，就像「浴缸」的水龍頭，會產生「不滿」的情緒，增加「不滿」的「流入量」。越來越多的「不滿」流入「浴缸」，就會增加「不滿」的存量。

　　你第一次惹你女朋友生氣時，她和你提分手了嗎？沒有。因為那時這個「浴缸」還很空。你覺得「哦，原來她不介意」，其

實她不是不介意，而是「浴缸」沒滿，她還能忍。一直生氣，一直忍，直到最後一瓢「不滿」倒入，「浴缸」終於滿溢，這時，你再怎麼道歉，都沒用了。

只看到「流入量」的男孩，會以為女朋友居然因為「一件小事」和自己分手。而能看到「存量」的男孩，就會懂得用「流出量」來減少「不滿」的存量。比如，時不時送個禮物、陪女朋友逛街，精心安排紀念日等等。這樣的男孩，通常被稱為「暖男」。

而暖男之所以暖，只是因為他們比直男更懂得如何用「流量」來管理「存量」。

流量，改變存量；存量，改變世界。

## 因果鏈

理解了變數以及變數的兩種狀態──存量和流量之後，我們來看第一種連接關係：因果鏈。

因果鏈非常重要。沒有因果鏈，再多的變數在一起，也只是沒有生命力的沙堆，而不是生生不息的系統。

那麼，到底什麼是因果鏈？因果鏈，就是變數之間增強或者減弱的連接關係。

增強的因果鏈就是「你強，我就強」。比如工作時間和疲勞程度之間的關係。工作時間越長，疲勞程度就會越高，因此我們

說工作時間增加是疲勞程度增加的一個原因。這就是增強的因果鏈。

減弱的因果鏈就是「你強，我就弱」。比如疲勞程度和工作效率之間的關係。疲勞程度越高，工作效率就會越低，因此我們說疲勞程度增加是工作效率降低的一個原因。這就是減弱的因果鏈。

因果鏈很簡單，只有增強（＋）和減弱（－）兩種情況，沒有第三種（見圖2-8）。

圖2-8　因果鏈

我們可以用因果鏈，把系統中所有變數全都連接起來。擺出兩個可能有關係的變數，問自己：它們之間，有增強關係嗎？有減弱關係嗎？在紙上畫出所有你能找到的因果鏈。看似簡單的因果鏈，一段一段地連接了萬千變數，正因為如此，才有了複雜的系統。

用因果鏈連接變數，是鍛鍊洞察力的基本功，你必須認真練習。

## 增強迴路

變數，是節點；因果鏈，是線段。但線段有頭就有尾，能量從頭傳到尾，就結束了。如果我們把結尾和開頭也用一條因果鏈連接起來，形成閉環呢？這就形成了一個「迴路」。

迴路有兩種，一種叫作增強迴路，另一種叫作調節迴路。

什麼是增強迴路？兩條增強或者減弱的因果鏈，首尾相連，形成一條迴路，就是增強迴路。其中，「因」增強「果」，「果」又增強「因」的，叫正向增強迴路；「因」減弱「果」，「果」又減弱「因」的，叫負向增強迴路（見圖2-9）。

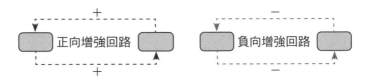

圖2-9　增強迴路

比如，你越有知識，積累新知識的能力就越強。積累新知識的能力越強，你就越學富五車、才高八斗，就更能理解新知識。如此不斷增強，這就是一條正向增強迴路。

比如，你越有信用，別人越願意和你合作。別人越願意和你合作，你就能積累越多的信用，就越有人和你合作。如此不斷增強，這也是一條正向增強迴路。

再比如，對騰訊的微信來說，用戶數量越多，對其他用戶就越有價值；越有價值，用戶數量就越多。如此不斷增強，這就是騰訊社交的正向增強迴路。

幾千年來，人們給增強迴路導致的大起大落現象起了無數的名字，宗教學家叫它「馬太效應（Matthew effect）」，經濟學家叫它「贏家通吃」，金融專家叫它「複利效應（Compound Interest）」，網路公司叫它「指數型增長（Exponential growth）」。但是這些如煙花一樣絢爛的現象背後，其實都是同一塊「積木」──增強迴路。

不管是人生還是商業，小成功靠的是聰明才智，大成就靠的是建立正向的增強迴路。

## 調節迴路

什麼是調節迴路？「因」增強「果」，「果」增強「因」的迴路，是增強迴路。而「因」增強「果」，「果」減弱「因」的迴路，就是調節迴路（見圖2-10）。

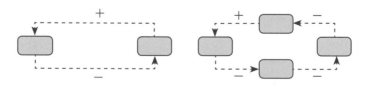

圖2-10　調節迴路

　　如果說增強迴路的存在，是讓這個世界走向極端。那麼調節迴路的存在，就是讓這個世界回歸平衡。凡是有增強迴路的地方，必然有調節迴路。

　　舉個例子，很多人在創業的時候，堅信「沒有管理的管理，才是最好的管理」，於是，他們不設層級，沒有流程，也不設定KPI（關鍵績效指標）。創業初期，公司裡就幾個人，遇到什麼問題，站起來一吼，就解決了。果然，大家工作效率特別高，在「產品為王」的增強迴路中獲得了指數級成長。

　　很快，公司就發展到了幾百人的規模。這時，「沒有管理就是最好的管理」再也不起作用了。公司裡各種問題層出不窮，產品缺陷越來越多，客戶抱怨也與日俱增。公司規模越大，管理複雜度越高，而管理複雜度越高，問題就越多，導致成本增加、人員流失，這樣一來，公司規模就越受制約。

　　這時，「產品為王」這個增強迴路，遭遇了「管理複雜度」這個調節迴路，導致公司業績一直徘徊不前，再難突破。

　　要解決這個問題，就要用層級，用流程，用KPI，來提高管理效率。切斷「管理複雜度」這個調節迴路，釋放增長潛力。

　　這時候，這些創業者才會意識到，為什麼大公司的前輩們經常說「向管理要效益」。以前你能做到「沒有管理就是最好的管理」，只是因為你的公司還太小，離這個調節・迴路太遠。一旦看到了調節迴路，你就會頓悟：很多時候，我們的增長並不需要

猛踩油門，只要鬆開剎車就好。

而一家公司的CEO最主要的工作，就是踩下業績的「增強迴路」，鬆開問題的「調節迴路」。

增強迴路，追求極端；調節迴路，回歸平衡。

這個世界上，凡有增強迴路的地方，必有調節迴路。

增強迴路和調節迴路這對「孿生兄弟」，性格迥然不同，卻共同構建了最美妙的世界萬物。

## 滯後效應

最後一種連接關係，叫作滯後效應（Lagged effect）。

什麼是滯後效應？因果不是瞬間連接的，迴路也不是瞬間閉合的，它們之間都有個時間差。這個時間差就是滯後效應。

比如，你開車堵在路上時，聽交通廣播說旁邊有一條路很通暢，於是趕快開過去。可是等你到了那條路，發現其實也很堵，交通廣播騙你了嗎？沒有。這條路不再通暢，是因為在從你聽到廣播到抵達那條道路的這段時間裡，交通狀況發生了改變，而交通廣播的資訊，恰好加劇了這種改變。這就是滯後效應。

再比如，你高考填志願的時候，高考諮詢機構告訴你「國際金融專業是熱門」。於是，你報了國際金融專業。然而大學畢業時你才發現，最熱門的是人工智慧，而國際金融專業畢業的很多學生找工作很難。是高考諮詢機構騙了你嗎？不是。是因為在你

上大學的這四年裡，商業世界發生了重大的變化。

　　滯後效應，讓在空間維度上已經很複雜的系統，又增加了時間維度上的複雜性。它會讓原因和結果在時空上遠離，從而誤導你的判斷。

　　所以，我們在試圖洞察萬物時，心裡一定要裝著滯後效應，懂得給萬事萬物加上時間軸。

## 小提示

普通的人觀察一支手錶，優秀的人洞察幾百個零件之間的連接關係。

普通的人觀察一次合作，優秀的人洞察協議背後利益分配、風險轉嫁的連接關係。

普通的人觀察一個團隊，優秀的人洞察團隊裡責權利錯綜複雜的連接關係。

普通的人觀察表象，優秀的人洞察系統。

變數、因果鏈、增強迴路、調節迴路和滯後效應，這五塊「積木」，是搭建所有複雜系統的基礎。當你遇到問題時，其實所有的解決方案都藏在這五塊「積木」裡。

分析問題的時候，記住五個關鍵步驟：

一是找到核心存量。

二是找到關鍵因果鏈。

三是找到增強迴路。

四是找到調節迴路。

五是考慮滯後效應。

然後，看看問題到底出在哪一步，你可以採取哪些措施，改變哪些連接關係？

做到這些，你就真正擁有了洞察力。當然，這並不容易，需要你日復一日地思考、練習。

# 流程、制度與系統

作為一名商業顧問，在幫企業家學員上課時，經常會有學員問我這樣的問題：「潤總，上企業管理課程的時候，經常聽老師提到流程、系統、機制、體系、制度等詞，這些詞之間的區別到底是什麼？」

的確，這些詞是企業管理中經常用到的詞，那這些詞到底是什麼意思呢？

為了更好地理解這些詞，我們先看一個小故事：

從前有座山，山裡有座廟，廟裡有幾個和尚，他們每天都是同吃一桶粥。但粥總是分得不公平，負責分粥的人碗裡的粥總是又稠又多。

於是，他們選舉出了一名德高望重的和尚來負責分粥，但結果並沒有改變，甚至還出現了腐敗——有人賄賂負責分粥的和尚。看來，這個方法不可取。

後來，他們決定乾脆輪流分粥。這看似是一個公平的方法，畢竟，信別人不如信自己。但這種方法導致的結果是，每個人在輪到分粥的那天，都會給自己分又稠又多的粥，而其他日子裡，都是清湯寡水。

怎麼辦？

　　有人說：「我們成立分粥委員會和監督委員會吧，把分粥者的權利鎖在牢籠裡。」但是執行起來才發現，這樣還是不行。因為委員會裡的每個人意見不一致，經常吵來吵去，粥都涼了還分不了粥。

　　這個問題看似無解了。

　　這時，有人提出：「我們還是輪流分粥，但是這一次，不是分好一碗就拿走，而是先把粥分到每個碗裡，然後每人拿一碗，而且分粥的那個人要最後拿。」

　　奇蹟出現了，採取了這種方法後，每天的粥都分得特別公平。因為分粥的那個人如果分得不公平，自己就得挨餓了。

　　和尚分粥的例子和我們一開始提出的那些概念有什麼關係呢？別著急，我們一個個來說。

## 流程

　　什麼是流程？流程就是基於時間線做完一件事的整個過程。流程是線性的、連貫的、客觀的。

　　比如，把大象裝進冰箱的流程是什麼？第一步，打開冰箱門；第二步，把大象裝進冰箱；第三步，把冰箱門關上。

　　再比如，在分粥的案例中，都有哪些流程？

　　德高望重的和尚分粥的流程是：第一步，把粥桶拿到他身

邊；第二步，他把粥分給所有人。

輪流分粥的流程是：第一步，判斷今天輪到誰分粥；第二步，負責分粥的人把粥分給所有人。

分粥委員會分粥的流程是：第一步，把粥分給所有人；第二步，分粥委員會判斷粥分得是否公平。

輪流分粥、分粥人最後拿的流程是：第一步，判斷今天輪到誰分粥；第二步，負責分粥的人把粥分到所有碗裡；第三步，其他人各拿一碗粥，負責分粥的人最後拿。

當然，以上的流程可以拆分得更細，這裡只是簡單舉例。

可以說，我們做任何一件事都是有流程的，區別只不過是有些流程是被設計過的，有些流程是自發的，有些流程是被優化的，有些流程是低效率的。

企業經營管理課程中經常會提到「流程管理」或「流程優化」。這是什麼意思？就是不斷優化做一件事的過程，原來可能需要十三步，經過優化後只需要七步了。原來的流程可能需要八個人，現在只需要三個人了。從本質上說，流程管理與流程優化都是為了更高效率地完成某件事情而進行的一些改變和優化。

凡事皆有流程，只是效率有高低之分。

## 制度

什麼是制度？制度就是做一件事的行為準則，它可以是權力

機構發佈的規定，也可以是一種契約。比如，《員工手冊》、
《保密制度》、《學生行為規範》等等。制度這種行為規則，如
果我們不去制定，它就不會存在。

在和尚分粥的案例裡，都有哪些制度？

作為行為準則，制度通常是以文本形式出現的。分粥的案例
裡沒有具體描述制度，但是我們可以稍微推演一下：為了保障德
高望重的和尚順利分粥，也許會有如何選舉德高望重的和尚的制
度；採取輪流分粥的方式時，也許會有以什麼順序輪流的制度；
分粥委員會分粥，也許會有如何選舉分粥委員會的制度。

那麼，企業裡的制度是什麼？是要求，是規則，是告訴人們
什麼可以做、什麼不可以做，比如，很多公司規定不允許行賄、
不能拿經銷商和客戶的回扣、家屬不能在同一個部門……等等。
這些都是制度，是剛性的。

企業之所以制定這些制度，不是因為它們能使公司獲得成
功，而是為了避免公司出現大事故。

所以，制度就是你開車時的紅綠燈，是路邊的護欄。

## 系統

什麼是機制，什麼是系統呢？其實這兩個概念，我認為在企
業管理中是非常接近的，甚至可以說是同一組概念。

我們大多數人看一家公司，看到的是這家公司的產品是什

麼，對我們有什麼用。至於公司是怎麼生產這些產品的，對我們來說並不重要，就像「黑盒子」一樣，我們完全不關注。就如我們看表，只會看它顯示的時間，不會看表的內部齒輪是如何運轉的。

但是，這個不被關注的「黑盒子」，就是生產這個產品的系統。如果你是這家公司的經營者，你就必須打開這個「黑盒子」，研究各個組成部分之間的關係。

在分粥這個案例裡，有什麼系統？我們看到，有德高望重的和尚分粥系統，有輪流分粥系統，有分粥委員會的分粥系統，有輪流分粥、分粥人最後拿的分粥系統，這些都是系統，它們是完成分粥這件事的關係總和。

所以，系統就是若干部分相互聯繫、相互作用形成的具有某些功能的整體。

我們常說，一個企業家要擁有全域之眼。什麼是擁有全域之眼？就是懂得從系統的角度去看問題，只有這樣，你才能站在未來看今天，站在高空俯視全域。

## 區別

透過分粥的案例，我們大概理解了流程、系統、機制、規章、制度這些詞的意思。

那它們之間的區別又是什麼呢？

　　制度，是規定，是契約，關注的是結果；流程，是基於時間線做一件事的過程，關注的是過程；而系統，是內部各個要素、變數之間相互關係、相互作用的整體，關注的是各要素之間的關係。

　　無論是流程、制度，還是系統，其實都是用來解決問題的。

　　普通的人改變結果，優秀的人改變原因，頂級優秀的人改變模型。改變制度是改變結果，改變流程是改變原因，改變系統則是改變模型。

　　比如，在分粥案例中，最後分粥這個問題的根本解是什麼？是輪流分粥、分粥人最後拿。

　　這是改變流程嗎？看起來好像是。但本質上，是改變前三個流程中人與粥、碗之間的關係。

　　在前三個流程裡，分粥人把粥分到誰的碗裡，就代表誰的粥多了或粥少了。但在輪流分粥、分粥人最後拿這個系統裡，人和粥的關係被分割開了。分粥人第一步不是給人分粥，而是把一桶粥分到不同的碗裡，這時誰喝哪碗粥還不確定。而由於分粥的人最後拿粥，所以他一定會想盡辦法做到把每碗粥都分得一樣多。這屬於改變系統、改變模型。

　　如果說改變流程、改變制度是管理，那麼改變系統、改變模型就是治理。

　　真正頂級優秀的人，都用治理的方式管理組織。比如二戰期

間，美國空軍降落傘的合格率99.9%。也就是說，每一千個跳傘的士兵中，就會有一個人因為降落傘的原因喪命。軍方要求廠家必須達到100%的合格率。廠家負責人羅列了各種理由，說他們已經竭盡全力，沒辦法提高了。

怎麼辦？是改變制度，嚴厲處罰，還是改變流程，用更多人力檢測？都不需要。軍方改變了檢查系統，每次交貨前，都會隨便挑幾個降落傘，讓廠家負責人親自跳傘檢測，從此，降落傘的合格率達到了100%。

## 小提示

電影《教父》裡有句臺詞：「花半秒鐘看透本質的人，和花一輩子都看不清的人，註定擁有截然不同的命運。」

普通的人改變結果，優秀的人改變原因，頂級優秀的人改變模型。

解決問題的辦法有1000種，但最有效的那一個，一定是用洞察力改變模型、改變系統。

我祝福你擁有看透本質，改變模型、改變系統的能力，用治理的方法管理企業，成為那個頂級優秀的人。

# 邏輯思維與邏輯閉環

　　一些人在網上發表觀點時，總是會出現牛頭不對馬嘴的情況，其實這是因為他們缺乏基本的邏輯思維。

　　一個人如果有基本的邏輯思維，就會有刨根問底的好奇心，遇到事情不滿足於表面的解釋，而是不斷地往下追溯，找到根本原因（見圖2-11）。

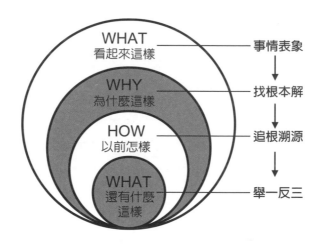

圖2-11　邏輯思維與邏輯閉環

　　這種刨根問底的邏輯思維在生活中隨處可見，我就舉一些自己的例子吧。

## 「刨根問底」怎麼玩？

有一次，在微信群裡，一位朋友發了一段在赤道旅行時拍的影片，內容是當地人做的一個有趣的實驗：

當地人把一個裝著水的臉盆放在赤道的北面，水面上飄著一朵小花，等到小花靜止的時候，把臉盆底部的塞子一拔，水就往下流，形成了漩渦。從小花的轉動方向，可以看出水是逆時針轉動的。而當他端著臉盆走到赤道南面一兩米的地方再做這個實驗時，臉盆裡的小花就變成順時針轉動的了。這時，導遊開始解釋，地球是由西向東轉的，由於地轉偏向力的存在，地球會以赤道為中心，在赤道的南面和北面按不同的方向旋轉。

群友們看了這個影片後覺得上了一堂生動的地理課，紛紛感慨：這世界太神奇了！

這時，我跳了出來，讓他們千萬別信，群友們問：「為什麼？」

我跟他們說：「我去過兩次赤道看表演，還去過兩次南北極專門做實驗。地轉偏向力確實存在，但遠不足以在距離赤道一兩米的地方產生這麼大的差別。即使在南北極做實驗，水流方向都是隨機的，只有大尺度的東西（比如洋流），這種方向上的差異性才能體現出來。小尺度的東西（比如臉盆裡的水）主要受環境影響，如水盆結構、故意用手撥動等。」

我接著說：「而且赤道是垂直於地軸的，地軸每年有15米的

移動，赤道的位置也會隨之移動，所以那條線並不是真正的赤道，只是具有象徵意義。」

在我做完這番解答後，群裡的朋友們紛紛點讚：「專業！」

「長知識，我也看過這樣的表演，沒質疑過。」

「你太牛了，我真以為是這樣……。」

這些「牛」、「專業」、「長知識」，是怎麼來的呢？

其實只是因為我有刨根問底的邏輯思維而已。

很久以前我看這個實驗時，心裡就產生了一個疑問：真的是這樣嗎？

為了解開這個疑惑，我到南半球（比如南極、澳大利亞）旅行的時候，專門做了水流實驗，看看在南半球水是不是順時針轉的。結果我發現水流的方向是隨機的，有時是順時針，有時是逆時針，這與之前學的「水流在北半球逆時針旋轉，在南半球順時針旋轉」的知識是不相符的。

為什麼會這樣呢？

帶著這個問題，2014年，我來到了一座位於赤道的城市——厄瓜多爾的首都基多。

在那裡，我看到了當地人做的水流實驗，與前文提到的一樣，當時我也很困惑：怎麼跟我自己做的實驗不一樣呢？

於是，我拍了影片，並認真地查閱了相關資料。

經過一番研究後，我發現，地轉偏向力確實存在，是地球由

西向東自轉過程中產生的一種慣性力。這是法國氣象學家和工程師科里奧利（Coriolis, Gustave Gaspard de）發現的，所以又稱「科氏力（Coriolis Force）」。從能觀察到的現象可以看到，它確實影響了很多東西的旋轉方向，比如洋流、龍捲風、大氣雲層等。

但這個力雖然存在，卻很微弱。畢竟，地球一天才轉一圈，速度非常慢，地轉偏向力的影響力度當然也就非常小。所以，它只能對大尺度物體的運動（如洋流）產生影響，對小尺度物體的運動（如臉盆裡的水流動）很難產生影響。

由此可見，小尺度水流旋轉方向的不同，更有可能是外部因素引起的，如塞子的螺紋、下水道的方向，或者拉塞子時手上力道的方向等。這些因素的影響要比地轉偏向力的影響大得多。

於是，我找出影片又認真地看了一遍，發現了一件非常有趣的事情──當地人做實驗時，有個非常微小的動作：拉完塞子的時候，輕推一下水，給水流一個影響方向的初始力。

原來，這才是實驗的真相：水流漩渦是推出來的！

我繼續往下深挖，又有一個新的發現：實驗中的赤道線，其實根本不是赤道。

從定義上來說，赤道是垂直於地軸的。而地球的地軸，本來就不是真實存在的固定的軸，只是按照旋轉方向虛擬出來的，地軸每年會有15米左右的移動。那麼，垂直於地軸的赤道，也必然

會產生一定的移動。這樣一來，當年畫的那條赤道線，早就不是真正的赤道了。所以，以這條早就不是真正「赤道」的線為起點，往北一米或者往南一米，可能還是在北半球，或者還是在南半球。所以，這個實驗，可能只是當地人的一個「善意」的玩笑，用來娛樂遊客的。

正因為有這番刨根問底的過程，我才能得到前述「專業」的結論：

第一，地轉偏向力是存在的；

第二，它只能影響大尺度物體的運動，小尺度物體的運動更多的是受環境的影響；

第三，旅遊景點上畫的「赤道線」不是真正的赤道。

你看，這個過程就是「刨根問底」，要有這種精神，才能把問題搞明白。

「刨根問底」還能怎麼玩？

在位於赤道的城市，當地人可能會介紹赤道周長約為40,076千米（公里）。如果你有刨根問底的邏輯思維，你可能會想：咦？怎麼赤道周長的數字這麼「整」？如果你覺得可能只是一個巧合，那你就放棄了一個刨根問底的機會。

我首先會想，赤道周長的單位「千米」中的這個「米（公尺）」是怎麼定下來的呢？經過研究後我發現，這個問題太有意思了。

原來，最早是沒有「米」這個度量單位的，後來人們跑到赤道上，用弧度儀測量出了赤道與北極之間的地表距離，再把這個長度的千萬分之一定義為「米」。按照這個定義，赤道到北極點的距離就是10,000千米，是地球周長的四分之一，那麼，地球的周長就是40,000千米了。所以，是先有了赤道到北極點的長度，才有了「米」，而不是先有了「米」再測量出赤道周長，這個邏輯是恰好相反的。

那麼為什麼不是40,000千米整呢？這個就不難理解了，地球不是標準的球體，赤道周長比北極點處的周長要稍微寬一點。

知道了「米」的定義之後，你可以接著刨根問底：這樣定義出來的「米」太不靠譜了吧？萬一地球稍微發生變化，導致這個距離變長或者變短，這「米」不就變形了嗎？這實在是太不嚴謹了。那麼，今天的「米」還是這麼定義的嗎？

研究後你會發現，雖然一開始「米」確實是這麼定義的，但後來人們覺得需要把這個距離固定下來，於是做了一個叫「米原器（國際公尺原器）」的鉑金棒，不管地球怎麼變，米原器的長度都是1米。

但米原器也會受外界因素的影響，比如熱脹冷縮，怎麼辦？另外，微觀世界，如果不能用「米」做單位，有沒有更好的辦法？

人們接著想辦法，後來找到了一種穩定的元素——「氪」，

然後把氪86同位素的輻射波長的1,650,763.73倍定義為1米。用氪元素的波長來衡量「米」，精確度可以達到0.001微米，相當於一根頭髮直徑的1/100,000，已經相當精確了。

　　但是「氪」這個東西沒那麼容易取得，怎麼辦呢？於是，人們又想到了光，因為光速是恒定的。人們量出了光在真空中1秒鐘所走的距離，然後把這個距離的1/299,792,458定義為1米。從此，「米」就變成「光秒」的一個子集了。

　　所以，一旦你刨根問底往下追溯，你就把「米」的定義和歷史都捋清楚了。

　　那「邏輯思維」還能怎麼玩？到這裡就結束了嗎？其實你還能繼續刨根問底。

　　比如，中國有個度量單位「尺」與「米」相關，1米等於3尺，你有沒想過這是為什麼？

　　在很久以前，中國就開始用「尺」這個單位，哪有這麼湊巧，1尺就恰好等於歐洲定出來的1米的1/3呢？肯定是其中一個單位迎合了另外一個單位。那是誰迎合了誰呢？你就要刨根問底了。

　　原來，大概在1930年，國民政府為了與國際接軌，統一了度量衡，把1尺定義為1米的1/3。在此之前，「尺」的長度是不確定的，西漢時，約等於0.231米；宋朝時，約等於0.307米，接近1米的1/3，所以，1930年國民政府才會取一個近似的數：1/3。

同樣的道理，你又可以想到另一個問題：公斤是不是也這樣呢？

1公斤等於2市斤，也是1930年國民政府定的。在此之前，人們用的計重單位叫「司馬斤」，約等於今天的600克，而且是16進制，即1司馬斤等於16兩。「半斤八兩」這個詞就是這麼來的。

今天，香港還用著司馬斤的計重方式，你去香港買1兩黃金，回來一稱發現短斤少兩，其實並不是這樣。內地1兩等於50克，而香港1兩大概是37.5克。如果你覺得不公平，你去香港買1斤魚試試，買回來一稱，是600克，等於我們常說的1斤2兩。這就是計重單位「斤」的定義不同造成的。

你看，從赤道的小實驗不停地刨根問底，可以有很多不一樣的發現，得出很多結論，這就是刨根問底的邏輯思維。

現在，你可以打開腦洞，想想看，「斤」的概念還能繼續往下刨嗎？或者再想想，你身邊看到的那些習以為常的事件，是否真的是你以為的那樣呢？

試試拿起刨根問底的「鏟子」，用好奇心「刨」開這有趣的世界，也「刨」出你的邏輯思維吧。

## 四句話建立基本的邏輯素養

那麼，如何才能挖掘自己的邏輯思維呢？有四句話可以幫助

大家建立基本的邏輯素養：證有不證無，以偏不概全，證有靠舉例，概全靠推理（見圖2-12）。

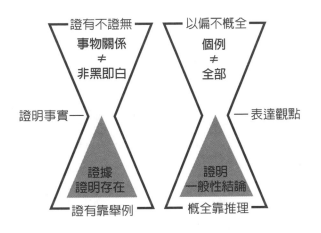

圖2-12　四句話建立基本的邏輯素養

什麼意思？我們一個一個來說。

**一是證有不證無。**

證明一件事情「有」，很簡單，舉個例子就行。比如我看到過白烏鴉、黑天鵝，就證明它們是存在的。可是你要證明「天下烏鴉一般黑」、「天鵝都是白的」，靠舉例是不行的。你舉10,000個例子，都不能證明沒有黑天鵝，只能證明你沒見到黑天鵝。

同樣，你說西醫是有效的，因為你親眼看見醫師救活了很多

人，這是可行的。可是你要因此反駁中醫都是無效的、騙人的，靠舉例是不行的。你想證明「殺人放火金腰帶，修橋補路無屍骸」，賺錢的都不是好人，真正憑良心做生意是賺不到錢的，靠舉例也是不行的。

很多時候，事物之間的關係並非「非黑即白」的關係，而是存在著博弈和多樣性。

在進化島社群裡，曾有同學問我：「真正憑良心做生意到底能不能賺到錢？」我回答他：「也許，你的心中有個錯誤的歸因。憑良心做生意的人沒賺到錢，問題通常不是因為他有良善的『心』，而是因為他沒有商業的『腦』。不能把腦的問題，歸於心。」

所以，在網上不要隨便說「你就吹吧，我從來沒見過，不可能有這種東西」，允許更多的可能性，你才能得到更多的機會。

**二是以偏不概全。**

你每天好好學習，有人叫你去打麻將，你不去，他說：「讀書有什麼用？那個××，一本書也沒讀過，不也身家幾千萬了嗎？」你怎麼回答？你可以說：「他的財富撒了謊。終身學習，才能大機率成功。我羨慕他，但是他的運氣不一定會降臨在我身上。」

你在研究產品戰略、組織戰略，有人對你說：「研究什麼戰略？戰略都是那些成功人士對自己過去路徑的總結和美化。你

看，我哪有什麼戰略，不也走到了今天？矇眼狂奔，殺出一條血路，就是我的戰略。」你怎麼回答？你可以說：「你的成功撒了謊。以終為始，才能大機率成功。我祝福你，但是你的成功，不能複製到別的公司。」

你屢戰屢敗、屢敗屢戰，你做對了所有的事情，卻依然錯失城池。有人勸你：「你還不如什麼都不做呢。我勸你踏踏實實做人，找份安穩工作得了。」你怎麼回答？你可以說：「我的不幸撒了謊。正確的事情重複做，才能大機率成功。雖然我今天倒楣，但是我相信明天我成功的機率比失敗的大。」

真正的高手看上去都很傻，把正確的（大概率成功的）事情重複做。

回到開頭，很多人讀完了大學，做了科學家、企業家甚至總統。你怎麼可以用「我認識好幾個人」的「偏」，來得出「讀書沒用」的「全」呢？

所以，在網上不要隨便說「我有個朋友，每天碎片化學習，沒發財，所以碎片化學習沒用」。

**三是證有靠舉例。**

證「有」是相對簡單的。只要有鋼鐵般的證據，就能證明一件事存在。比如，這個世界上是有既聰明又勤奮的人的，比如雷軍、庫克、劉德華。

所以，在網上不要隨便說「我相信就有」。你認為「有」，

就要舉出例子，舉不出例子，就是假說。不要用一個假說，強行說服另外一個人必須認可你的觀點。

**四是概全靠推理。**

所謂概全，就是得出一般性結論，只能靠證明，靠推理。比如，所有商品都是用來交換的，封建地租不是用來交換的，由此可以推論出，封建地租不是商品。

在網上不要隨便說「這難道不是共識嗎？所有人都這麼認為……」，這麼說，並不代表你的結論就是真理。不如利用你的邏輯思維來證明它。

## 邏輯閉環的五個層次

邏輯思維也有高下之分。生活中，我會接觸各式各樣的人，有時接觸一個人，交談片刻，頓覺此人深不可測，十分厲害。而接觸另一個人，會覺得這人也不錯，很優秀，內心也很尊敬他，但是總感覺好像還差那麼一點說不清道不明的東西。

這種感覺來自什麼地方呢？其實，來自一套判斷標準，即這個人在談論問題時，大概在哪個層次上形成了自己的邏輯閉環。

什麼意思呢？

我大概分五個層次來講（見圖2-13）。

**第一層次：思維沒有閉環，思考沒有邏輯。**你說A，他說B，兩者之間的思維永遠沒有交集。

　　**第二層次：思維沒有閉環，思考有邏輯**。有符合邏輯推理的
一些觀點，但觀點時常左右徘徊，自相矛盾。

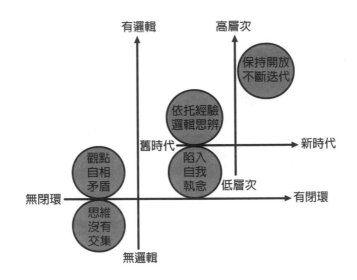

圖2-13　邏輯閉環的五個層次

　　這兩個層次存在著明顯的短板（指人的短處），那更高層次
的思維邏輯模式是什麼樣的？

　　**第三層次：思維有閉環，思考有邏輯，但閉環的層次比較
低**。

　　雖然思維形成了閉環，但如果這個閉環的層次比較低，就是
一件比較可悲的事情。

　　為什麼？

一個人一旦在低層次形成了**邏輯閉環**，可能就無法前進了，因為所有的問題在他的邏輯閉環之中，都是可以解釋的。

具體的表現可能是：對不同的觀點，喜歡先認同，進而快速轉折，反駁。當他問你一件事對不對的時候，你是沒法反駁他的，因為他當然是「對」的。但是他的觀點很虛無、無法落地，就像是飄在雲端，看不清地面，也不知道操作細節。在這個層面上進行討論，無法推動事情的發展，但是他享受於自己邏輯的完整性，一旦如此，也就意味著他的觀點無法再落地了，對問題的討論終究是空談。

過往的經驗反倒束縛了眼界和判斷，而無法打破自己的邏輯閉環，就無法捅破那層看似很薄的窗戶紙，無法上升至新境界。

同樣是「思維有閉環，思考有邏輯」，層次還可以再提升。

**第四層次：思維有閉環，思考有邏輯，且能在更高層次形成邏輯閉環，邏輯閉環十分通透，直達本質。**

在這一層次的人舉手投足間會流露出一股人格魅力，談吐間有著邏輯的美，你會拜服於他過去的經驗和他的知識結構，希望向他學習。

但是，第四層次的邏輯閉環同樣存在問題。他對新事物總是抱有懷疑、排斥的心理，舊時代的結構一旦發生變化，他的閉環可能就會出現漏洞。他不願承認漏洞，希冀用過往的認知體系來填補這個漏洞。當你用新的邏輯去看這個人的時候，你會發現曾

經特別景仰的一個人在新時代卻還在用舊時代的邏輯來解釋新世界，這讓你覺得十分可惜。因為，沿著舊地圖，是找不到新大陸的。

**第五層次：思維有閉環，思考有邏輯，且能在高層次形成邏輯閉環，並始終保持不斷打碎自己的開放心態。**

在這一層次的人的思維閉環永遠開放，永遠沒有死環。他的思維是一圈圈螺旋式的，可以無限地往下延伸到深不可測的海底，也可以無限地向宇宙最深處延伸。

你會覺得特別可怕，這才是真正的高手。

他大量吸收新知識，無論風吹雨打從不間斷，不斷地去學習別人的邏輯框架，然後不斷地下沉，往外延伸。在吸納海量的新知識之後，他不斷反覆運算邏輯層次，不斷復盤，不斷進行結構調整。

面對一次次打擊後又重新站起來，這種人的思維結構永遠如同初生的嬰兒一般，這使他擁有著澎湃的生命力和無限的希望。

就算這種人現在的知識結構、知識量都不如你，你也絕對不能小看他。因為他的身體裡潛伏著一頭真龍，未來無可限量。

## 小提示

每個人都需要平衡。水準低的人,心氣通常很高,用上帝視角俯視比他成功的人;水準高的人,心氣反而很低,「已識乾坤大,猶憐草木青」。這就是平衡。

一件事情的真相,有千萬種可能。看到一個事實,就會排除一批假像。很多人往往只看到3~5個事實,就迫不及待地找一個最符合自己價值觀的當作真相。

離事實越遠,離陰謀論就越近。

# 複利思維

每個人都有自己的「人生演算法」，把同樣公平的機會，放在很多人面前，不同的人生演算法，會導致全然不同的選擇。

網上有一個廣為流傳的經典公式是這樣的：如果一個人每天都能進步1%，一年之後，他的能力會提升38倍。相反地，如果他每天都退步1%，一年之後，他的所有能力幾乎都消失殆盡了。聽起來是不是既「雞湯」又警世呢？

$$1.01^{365} \approx 37.78$$

$$0.99^{365} \approx 0.03$$

還有一個很有名的例子：一個人存一筆錢，每年可獲得10%的收益，一年之後連本帶利再投資同一個項目，如此反覆，大約7年後就可以達到本金翻倍的效果。

我之所以舉這兩個例子，是因為雖然我要講的是複利效應，但我們必須先破解一般人理解「複利」時存在的一些邏輯謬誤。

很多人對上述兩個例子中隱含的公式：$(1+1\%)^{365} \approx 38$ 和 $(1+10\%)^{7.2} \approx 2$ 有很大的誤解。如果我們把公式拆解開來，會發現複利公式中共包含3個變數，分別是本金、收益率、期數，

並各自對應著最普遍的3個謬誤。

## 期數謬誤

人們對「複利思維」最大的心理謬誤，來自對「期數」的不合理預估。

這裡所說的「不合理」，是指「每天比前一天進步1%」這件事情是極不合理的。

也許有人會說：「可是我一天可以背5個單詞啊！」一天背5個單詞，一年下來就能背1825個單詞，這是線性增長，而非指數級增長。這裡的錯誤，就是把本來應該用加法計算的事情，用次方去計算了。

這個公式的最大謬誤，是用「天」作單位，使人們產生對期數的過度高估。

我們把期數拉近現實來看，比較合理的演算法，應該是用「年」作單位。用「年」作單位後，你會發現，要達到365次方，根本是不可能的任務。人礙於壽命的極限，要達到年複利的365次方，要靠10代人的傳承，才能完成這項使命。

365次方的確是非常美好的想像，可惜現實生活中並不存在。

我們先舉個比較普遍的例子。現在銀行一年期定存利率大約

為1.5%[8]，這幾乎是無風險利率了。

假設一個人從22歲開始投入1元存銀行定期，且利息持續滾入本金，存到60歲退休，根據複利效果，38年後，他當初的1元存款會變成1.76元。是的，你沒有看錯，38年的總收益只有76%。

這個結果可能會讓許多人大失所望，但我們必須認清現實。複利的財富效應遠遠沒有我們想像的那麼快，因為我們很容易把期數想多了。你以為你隨隨便便就能達到365次方，但事實上，你用一輩子的時間可能才達到38次方。

## 複利效果謬誤

回到一開始舉的7年翻一番的例子，這裡假設的是每年可獲得10%的收益，7年後的複利效果是（1＋10%）$^{7.2}$≈2，收益率約是100%。

7年翻倍，聽上去不錯吧？

那麼，如果你不用連本帶利的邏輯呢？如果你只是把本金存到銀行，按單利算，7年的總收益率是10%×7＝70%，和100%其實並沒有差太多。

所以，不要把成果都歸功於利滾利，以7年為期，你大部分的收益還是來自你的本金所帶來的利息，而不是利滾利。

---

8　指中國的狀況。

太多人把複利當成一個快速致富的通道。切記，複利效應不是暴富效應，相反，它恰恰是一個極度仰賴長期的概念。複利需要足夠長的時間醞釀發酵，可能是一輩子，也可能是幾代人的時間。

總之，對絕大多數人來說，複利效應在短期之內是絕對無法體現的。

## 收益率謬誤

我們每個人都幻想能夠達到巴菲特的收益標桿，也樂觀地相信自己有可能做到。的確，有些眼光非常獨到的基金經理人有辦法在長達20~30年的時間裡維持年化收益率在30%以上，整體算下來是2600倍的收益。

看到了嗎？複利效應真正誘人的地方，是收益率。高收益率才是複利效應的核心。

巴菲特真正令人折服的地方，不在於他徹底貫徹複利效應，而是他有辦法維持30%的年化收益率長達30年。

講一個小故事。巴菲特在2005年時立下一個賭局，向那些自信的金融專家發起挑戰，他出100萬美元，由那些專家們隨便挑5檔基金，如果它們的10年總收益率能跑贏大盤，巴菲特就認輸。

沒有人敢接受挑戰。直到2008年，美國職業投資經理人、普羅蒂傑公司（Protege Partners）的創始合夥人之一——泰德‧西

德斯（Ted Seides）站了出來，精心挑選了5檔基金挑戰巴菲特。

結果呢？

到2018年賭約到期，標普指數增長了85.4%，而西德斯挑選的5檔基金的10年總收益率為：8.7%、28.3%、62.8%、2.9%、7.5%。其中表現最好的一檔基金的10年總收益率是62.8%，但用複利公式換算為年化收益率，也不過是5%而已。

所以你現在知道了，長期穩定的高收益，幾乎是天方夜譚。複利公式的核心「高收益率」，在大多數情況下並不存在。你只看到別人贏，卻沒有看到別人輸；你只看到短期贏，卻沒有看到長期輸。在複利效應要求的長期內，高收益率幾乎無法實現。

再者，在這場賭局中獲勝的「標普指數」，用複利公式換算為年化收益率，也就是6.36%而已。而且這6.36%還要歸功於2008年美國金融危機後連續10年的經濟復甦，要是再遭遇一次金融海嘯，是否能有同樣的收益率還未可知。

## 打開複利效應的正確姿勢

那麼，什麼才算是正確地理解複利效應呢？

每每講到複利效應，人們很容易把它跟一個詞聯想在一起，那就是「財富自由」。我們可以結合複利效應，把「財富自由」用公式來表示：

$$本金（1＋收益率）^{時間}－欲望＝財富自由$$

簡單來說，這個公式指的是只要非勞動收入大於消費欲望，就達到了財富自由。

基於這個公式，我們可以得到下列三種「財富自由」的方法論。

### 1.無欲無求式財富自由

佛教認為欲望是導致痛苦的根源，當賺錢的速度跟不上欲望膨脹的速度時，你就永遠得不到滿足。所以，人要學會降低欲望，從免費的資源，比如陽光、空氣、與家人的交流中體會快樂與滿足。從這個角度來說，只要吃得上飯，就是財富自由。

$$本金（1＋收益率）^{時間}－欲望↓＝財富自由$$

### 2.三生三世式財富自由

如果不想降低欲望，怎麼辦呢？那就用時間換。但是你要對「時間」有充分的耐心。理論上，只要每期收益扣除通貨膨脹後是正的，你的錢放的時間越長，最後獲得的回報就越高。但是，這個時間的長度，可能要三生三世。

這就是為什麼人們說「窮不過三代」，只要存放的時間能打破人類壽命的限制，不以一生為單位，長期積累下來，你絕對能夠留下一筆可觀的財富給後代。

為你的兒子的兒子的兒子的財富自由而努力吧！

有人會說：「我能理解複利效應是一個長期而緩慢的過程，

可是我一定要存三生三世嗎？我難道不能在我這一代就享受成果嗎？」當然可以，但前提是盡可能越早開始越好。多早？從你6歲拿到5000元的壓歲錢開始存錢，一直存到76歲，假設你能連續70年獲得平均5%的年化收益率（你要理解，這已經是神一樣的投資者了），70年之後你的收益率就可達到30.4倍，即5000元變為15萬多元。

不想三生三世，就「用壓歲錢養老」。只要你每年比前一年多存一些壓歲錢，退休之後，也足以維持你很多年的生活了。

$$本金（1＋收益率）^{時間↑}－欲望＝財富自由$$

### 3.第一桶金式財富自由

現在你已經明白，有多大的收益率，就有多大的風險。在很長的時間內，期待低風險的高收益，是不現實的。

下面我們假設，你和有勇氣與巴菲特打賭的西德斯一樣，能在幾十年內持續獲得5%的年化收益率──這已經很不容易了，他選的另外4檔基金更加慘不忍睹，那麼，我們來算一筆帳，你到底怎樣才能實現財富自由？

讓我們以終為始，從退休後的人生規劃倒推回現在：

假設我希望退休後每月至少有5萬元用於看病、出國旅遊等消費，那麼，這意味著我每年要有60萬元的淨現金流入。這60萬元不是本金，而是按5%收益率投資得來的投資收益，那麼，60

萬元除以5%，我的本金至少得有1200萬元。

那我要從什麼時候開始存錢呢？大學剛畢業時，能存的錢很有限，大概要等到工作七八年後，才有辦法損益兩平，所以我從30歲開始存吧！

怎麼存呢？有兩種方式，第一種是我想盡辦法省吃儉用，在30歲時，存到第一桶金，之後就不存錢了，只靠利滾利；第二種則是我每年定期存入固定的金額，持續投入30年。

那麼，第一個問題來了：30歲時我要存多少錢，用5%的年化收益率利滾利，滾30年能獲得1200萬元呢？大概是300萬元。緊接著，第二個問題也來了：你30歲的時候，300萬元存款從哪裡來？只能來自你的第一桶金。

第一桶金，也就是複利公式裡的本金，是財富自由的最大權重。我們看世界富豪榜的前100名，其中90名以上都是靠第一桶金獲得財富自由，而不是靠複利公式。

2017年，全球首富比爾蓋茲的財富大約是800多億美元。很多人說，這800多億美元已經不是來自微軟的股票了，而是來自投資。是的，沒錯。但如果他當年沒有賣掉微軟的股票去投資的話，他的財富會有約2900億美元。

創造財富，而不是靠財富自己創造財富，才是獲得財富自由的真諦。

$$本金\uparrow（1＋收益率）^{時間}－欲望＝財富自由$$

## 小提示

理解了真正的「複利公式」，以及獲得財富自由的三種方法——「無欲無求式財富自由」、「三生三世式財富自由」和「第一桶金式財富自由」後，我給大家一個人生建議：早期靠本金，後期靠複利。

最後，給大家幾點建議：

一是儘早存到足夠的本金。獲得財富自由第一重要的事，是培養賺錢的能力。賺錢要靠本金，而不是靠複利。你都沒有本金，哪來的錢生錢呢？

二是努力做到穩健高收益。找到高收益的投資不難，識別背後的風險很難。你看中的是別人的利息，別人看中的是你的本金。

三是讓時間證明它的力量。要有把壓歲錢存成養老金的足夠耐心，認清複利效應從來都不是暴富的手段。

四是降低自身的貪念與欲望。不要看到別人買了車，就要買遊艇；看到別人買了遊艇，就要買專機。欲望是無法填平的，只能降低。

做到以上這幾點，你才能離財富自由更近一些。

# 機率思維

　　如果現在有兩個按鈕，按下紅色按鈕，你可以直接拿走100萬美元；按下藍色按鈕，有一半機會，你可以拿到1億美元，但還有一半機會，你什麼都拿不到。你會選哪一個？

　　你會按紅色按鈕，直接拿走100萬美元，落袋為安，還是賭一下，按藍色按鈕？萬一拿到1億美元，人生的「小目標」不就實現了嗎？可是，萬一什麼都沒拿到，怎麼辦？還不如按紅色按鈕，雖然得到的比1億美元少很多，但至少也有100萬美元。

　　這就是我之前講過的「確定效應」。

　　「二鳥在林，不如一鳥在手」，大部分人不願意為了看似更大的收益冒風險，他們更喜歡雖然小一點但是確定的收益。「確定效應」就是他們的人生演算法。

　　但是，其實這道選擇題，是有正確答案的。如果你學過《5分鐘商學院》第一季的「決策樹」，你就會知道，藍色按鈕對應的「期望值」（為50%×1億＋50%×0＝5000萬美元）更大，是最理性的選擇。「決策樹」，就是你的人生演算法。

　　可是，即便藍色按鈕是最正確、最理性的選擇，很多人還是會擔憂：「我還是有一半可能什麼都拿不到啊，怎麼辦？有沒有一種辦法，讓我能確定地獲得比100萬美元更大的收益，增加我

贏的機率呢？」當然有。

我在「確定效應」那節課中講過，你可以去找一個投資人，把這個專案以低於「期望值」（5000萬美元）的價格賣給他，比如2000萬美元，這樣，你可以落袋為安，獲得確定的2000萬美元，而他則獲得了3000萬美元的期望利潤（5000萬美元期望收益減去2000萬美元成本）。這就是基於機率思維的另一種人生演算法。

不同的人生演算法，導致不同的選擇，從而使人們獲得完全不同的人生。

而機率思維就是很多成功人士最基礎的人生演算法，那麼，到底什麼是機率思維？

在微軟GTEC（全球技術支援中心）二十周年的聚會上，我曾經訪談過原子創投的創始人馮一名，他成功投資了途虎養車網等眾多獨角獸巨頭。訪談中，他提出一個令人印象深刻的觀點：「大家要有一個清醒的認識，創業成功非常重要的因素之一就是運氣。」這聽起來非常「政治不正確」，因為大多數人更願意聽到「創業靠的是努力和勤奮」。

什麼是運氣？運氣就是機率，只不過加了一點感情色彩。對我們有利的機率，我們將其稱為「走運」；對我們不利的機率，我們將其稱為「倒楣」。所謂「創業靠運氣」，去掉感情色彩，即創業成功非常重要的因素之一，就是機率。

　　我過去也分享過這個觀點：你在創業路上，就算盡了一切努力，做對了所有事情，依然有95%是要靠運氣，也就是機率的。這句話聽上去很讓人洩氣，但的確是一個創業者無法逃脫的規律。只有理解了這個規律，你才會做出正確的選擇，形成機率思維。

　　在今天這個急速變化的時代，機率思維是非常重要的一種思維模式，尤其在創業領域。機率思維是很多成功者的思維邏輯，如果你問為什麼，很多人甚至會覺得：「啊？這還用解釋嗎？」「只要努力就能成功」，反而被認為是一種失敗的思維方式。

　　你也許會覺得這些人太無知了，覺得他們語不驚人死不休，但是別急，接下來，我們就來聊聊機率思維。

　　從創業的第一天開始，你每天甚至每個小時都面臨無數的決策，有些決策你覺得很重大，有些你覺得微不足道。但是你覺得重大的決策，未必真的重大，可能只是讓你覺得很痛而已。

　　就像我之前講過的「倖存者偏見」，機翼上的彈孔讓你很疼，但是你飛回來了，於是覺得自己很了不起。而輕輕蹭過座艙和尾部的子彈，一旦擊中就會導致機毀人亡的部分，卻沒能引起你的關注。

　　你認為你的成功是因為努力扛住了機翼上的彈孔，但真正的原因，可能只是子彈「碰巧」沒打中飛行員或者油箱。

　　為什麼會這樣？因為我們大多數的決策，都是「不完全資訊

決策」。

如果確定選A就能賺5塊錢，選B就賺不到錢，我們肯定會選A。這種掌握了全部資訊的決策，是完全資訊決策。但現實是選A或選B具體賺多少錢，並沒有準確的資料，A和B之外有沒有別的選項也不清楚。在這種不完全資訊決策的情況下，不是靠你的聰明才智或者努力，就一定能做出正確決策的。

你再聰明、再努力，都有可能是錯的，這個可能性或失敗的機率，來自資訊的不完全。如果無論選A還是選B都有50%的機率會錯，這就相當於你拋了一枚硬幣，你猜中是正面，就繼續往下走一步，若猜錯，一切就結束了。這與聰明才智無關，是資訊不完全帶來的「機率問題」。

假如你能走到下一步，又將面臨新的決策，決策資訊永遠是不完整的。比如，選A有50%的可能性賺100元，選B有30%的可能性賺50元，那麼你是選A還是選B呢？

學過《5分鐘商學院》中「機率樹」那一課的同學都知道：選A，你的期望收益是50%×100＝50元；選B，你的期望收益是30%×50＝15元。因此，選A是正確的決策。但是即使是正確的決策，選A依然有50%的可能性是賺不到錢的。也就是說，選A是一個相對正確的決策，但它依然有可能是錯。如果這次你猜對了，你又可以往前走一步，當然也可能猜錯就走不了了。

到目前為止，只是經過兩次決策，你能再往下走的機率就只

有50%×50%，也就是25%了。以此類推，一路決策下來，你每天有多大機率是走不下去的？可見，最後你能走向成功，95%要靠機率，這個說法並不誇張。

所以，我們既要相信努力的必要性，也要明白，完全不受我們控制的機率對創業的重要性有多大。

我這樣說，不是為了打擊大家的創業積極性，而是為了讓大家理解機率，並且在承認機率之後能找到一些方法對沖機率，降低機率對我們的影響。

那如何對沖機率呢？首要方法是找到大機率成功的事情。

## 時代

時代所帶來的機率優勢是極其巨大的，它能幫助順應時代的人獲得巨大的成功。

2018年「雙11」購物節，阿里體系的總交易額是1682億元，這個數字相當於蒙古國兩年GDP的總和，是非常令人震撼的。阿里巴巴在公佈這個數字的時候，還公開了一個數字——無線成交佔比90%，也就是說，在這個時代，90%的人是透過手機下單的。

這是什麼概念呢？

淘寶是在PC上賣東西起家的，在過去那個時代，人們都認為，12英吋螢幕展示的商品資訊更加全面，5英吋螢幕並不能充

分表達產品特質。但是看到無線成交佔比90%這個數字後，你就要意識到時代改變了，你必須順應時代，必須在5英寸螢幕上把產品的特質介紹清楚，這樣才能乘上時代所帶來的機率優勢。

還有一些商業模式，比如賣功能變數名稱，就不再是時代的趨勢了。功能變數名稱是PC時代透過瀏覽器訪問公司網站或商業網站時的入口，美圖的董事長蔡文勝就是靠投資功能變數名稱起家的。而在移動時代，手機的入口是分散的，功能變數名稱沒有以前那麼重要了。如今，囤功能變數名稱、賣功能變數名稱還是一門生意，但是已經沒有時代所帶來的優勢了，所以你靠功能變數名稱來發家的機率就會下降。

時代是對沖運氣的第一要素，我把它排在「千位」。

## 戰略

排在「百位」的是戰略。

我有一位好朋友，29歲從微軟辭職，專職炒股。但他炒股不是靠看K線圖、找消息。他數學特別好，人也特別聰明，他透過建立數學模型找到股票市場上的套利機會，做量化交易。

我記得十幾年前，他一天賺的錢就常常比我一年賺的錢都要多。我曾經問他，成功的要訣是什麼？他的回答是，要有自己獨立的戰略，堅定地執行自己的模型。

比如，他建一個數學模型需要進行100次交易，可能前3次交

易賺了錢，第4次交易賠錢了，第5次、第6次交易又賠錢了。這時，心態就變得很重要，如果心態不好，很可能會懷疑自己的模型有問題。這是最考驗人的時候，你要相信，你能贏不是靠消息，而是靠模型、靠戰略、靠判斷力。所以賠的時候也要堅定地執行下去，因為這是個機率遊戲。

所以，戰略也是專門用來對沖運氣的。

再舉個例子，過去中國企業有種非常重要的戰略，叫作跟隨性戰略。德國製造業做得比我們好，日本服務業做得比我們好，美國高科技行業做得比我們好，我們就選擇跟隨。他們走在前面，我們在後面跟著。走到路口，有人向左轉，有人向右轉。向右轉的人都失敗了，我們只學向左轉的那些人。這就是跟隨性戰略。如果你向右轉了，那麼你再聰明、再努力、再懂管理都沒用，因為已經「跌落懸崖」了。跟隨性戰略就相當於別人幫我們排除了一定的失敗可能性。

再比如網路（internet）有一個基本邏輯叫網路效應（network effect），網路效應會導致贏家通吃，最終形成「721」的格局。快魚吃慢魚，能最快形成網路效應的就是贏家，我們將這一戰略稱為「快魚戰略」。如果你要做網路創業項目，那麼快魚戰略是最重要的戰略。

過去，團購網站一度打得不可開交，最終「美團」和「大眾點評」成為贏家。如果你現在再去做團購，已經沒有機會了，沒

有人會向這個領域投資。叫車軟體領域也曾競爭激烈，但在「滴滴」和「快的」成為贏家通吃者之後，遊戲就結束了。

還有一些人相信慢就是快，在他們看來，只有慢慢來，最後才能走得很快。這種說法不是沒有道理，但是在網路創業領域就是「找死」。因為在平臺戰略下，快是必須的。一旦慢下來，即使你管理水準再高，也必死無疑。

很多人看網路公司覺得很奇怪，比如美團王興自己也承認早期管理一塌糊塗，連有多少員工都沒辦法搞清楚，但他們為什麼還能快速增長？正是因為戰略選對了，極大地對沖了機率。在這個戰略下，「快」比「好」來得重要。

## 治理

排在「十位」的是治理。

治理指的是董事會對整個公司管理層的結構化設計，比如股權制度、合夥人制度等。

我們經常說「結構不對，什麼都不對」。舉個例子，如果兩個人合夥創業，各持50%的股份，那麼他們的公司大機率很難獲得發展。因為在創業路上有很多決策要做，而他們的股份相同，也就意味著誰也不會聽誰的。而公司沒有核心領導，大家就會吵得不可開交，最後導致公司「死」在山腳下。

再看一種極端情況，一個創始人持98%的股份，另外兩個創

始人各持1%。投資人問持股98%的創始人：「為什麼其他人只佔1%？」這位創始人說因為他們只值1%。投資人很可能會跟他說「你也不值98%」，因為他沒找到能夠跟他合夥創業的人，只持1%股份的合夥人根本就不能算是合夥人。在如今這個時代，單打獨鬥是無法獲得成功的。

不管是50%：50%還是98%：1%：1%，結構不對，大機率會失敗。如果在千位、百位、十位上踏錯半步，後面的努力就顯得微不足道了。

## 管理

排在「個位」的是管理。

你有沒有找對人，有沒有合適的獎金制度，有沒有梳理好流程，有沒有設計好員工的激勵計畫，有沒有做一些企業文化建設和團隊建設工作，有沒有進行充分的溝通，有沒有進行員工跨組的調動和溝通等，這些都屬於管理問題。

管理非常重要，也是用來對沖機率的。如果你沒有做好管理的話，你的成功機率也會降低。

## 小提示

機率思維是你要心平氣和地承認，就算你做對了所有事情，你成功的機率也不高，比如在今天的網路行業，成功的機率可能只有約5%；在認識到這一點之後，再思考應該用什麼方式提高成功的機率。

在千位上，你可以透過把握時代的脈搏提高12%；在百位上，你可以透過選對戰略，再提高5%；在十位元上，你可以透過設計好組織結構又提高2%；最後在個位上，你可以透過做好管理，提高1%。綜合計算，你的成功機率一共提高了20%，加上原來的 5%，你的成功機率就變成了25%。

有25%的機率獲得成功，已經希望很大了，但是依然有75%的機率會失敗，怎麼辦？那就不接受失敗，再來一次。如果你曾連續創業四次，每次成功的機率是25%的話，那麼四次裡面有一次成功就是比較大機率的事件了。

機率思維，是這個時代成功者所秉持的底層思維。理解和運用機率思維，去增加好運氣，避開大坑和陷阱，創業者才可能在成功的路上走得更遠。

# 數學思維

　　吳軍老師是我特別敬佩的一位老師。他是電腦科學家，是自然語言處理技術的先驅者，是谷歌公司的智慧搜索科學家，是騰訊公司的前副總裁，同時也是矽谷著名風險投資人、暢銷書作家。

　　他著有《數學之美》、《浪潮之巔》、《矽谷之謎》、《智慧時代》、《文明之光》、《大學之路》、《全球科技通史》、《見識》、《態度》等，本本都是超級暢銷書。我和我兒子小米，都是他的書迷。

　　同時，他還是教育專家、古典音樂迷、優秀的紅酒鑒賞家，酷愛逛博物館，見過90%以上世界名畫的真跡，精通歷史、藝術、哲學、攝影、投資、商業……他在任何一個領域的成就單拿出來，都讓一般人望塵莫及。

　　吳軍老師在得到開設了六門課程，分別是《矽谷來信》、《谷歌方法論》、《資訊理論40講》、《科技史綱60講》、《吳軍講5G》以及《數學通識50講》。從資訊理論到科技史，到5G通信技術，到數學，吳軍老師的涉獵之廣、研究之深，讓人深深佩服。

　　我特別喜歡跟吳軍老師聊天，每一次聊天都讓我收穫很大。

有一次，趁著吳軍老師回國，我約他吃飯聊天。下面我把我和吳軍老師的部分聊天內容分享給你。

資訊理論、科技史、谷歌方法論、5G、數學……我一直特別好奇，吳軍老師的大腦是怎麼裝下這麼多東西，又理解得如此深刻的。吳軍老師說，他所講的這些內容，其實都是他工作以來的沉澱。

吳軍老師是美國約翰·霍普金斯大學的電腦博士，後來在谷歌擔任智慧搜索科學家。他所研究的內容是語音辨識和自然語言處理，這需要有非常深厚的資訊理論、資訊技術、通信技術以及數學功底。而他的課程內容，就來自這些積累。區別在於，做成課程需要用更通俗的方式，把那些晦澀的專業知識講出來，讓每一個人都能夠聽得懂。

吳軍老師有一門課是《數學通識50講》，為什麼選擇講數學呢？

「數學」這個主題，是很多老師（比如我，雖然我大學時讀的就是數學專業）想講卻不敢講的，因為它太難了。數學這兩個字，簡直是很多人的惡夢，甚至有同學在填報高考志願的時候說：「只要不學數學，讓我幹什麼都可以！」

確實，數學很難。很多人學了十幾年數學，直到走上工作崗位，還不知道數學到底有什麼用。除了相關專業的工程師，現在有幾個人還記得大學學過的微積分、機率論和線性代數？

那麼，學數學到底有什麼用？作為一個普通人，也要學數學嗎？

吳軍老師說，是的，每個人都一定要學數學，因為它實在太有用了。

學數學，對大部分人來說，不是為瞭解數學題，也不是為了當數學家，而是為了培養數學思維。數學思維不僅能讓你站到更高的高度，開拓你的眼界，還能幫你瞭解一些正確的常識，讓你少走彎路，並且讓你在人生的每一個岔路口都有更多的選擇。

今天我能夠給企業做戰略諮詢，能夠快速洞察一個事物的本質，最根本的能力就來自數學思維。

很多人會說：「數學也太難了，我學不會怎麼辦？」其實，解數學題也許很難，數學考試拿滿分也許很難，但是，只要你願意，培養自己的數學思維並不難。

下面我介紹五種數學思維。這五種數學思維，讓吳軍老師和我自己都受益匪淺。

## 從不確定性中找到確定性

第一種數學思維，源於機率論（Probability theory），叫作「從不確定性中找到確定性」（見圖2-14）。

假如一件事情成功的機率是20%，是不是就意味著，我重複做這件事5次，就一定能成功呢？很多人會這樣想，但事實並不

是這樣。如果我們把95%的機率定義為成功,那麼,這件20%成功機率的事,你需要重複做14次,才能成功。換句話說,你只要把這件20%成功機率的事重複做14次,你就有95%的機率能做成。

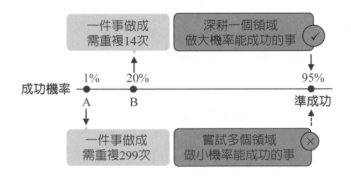

圖2-14　從不確定性中找到確定性

計算過程如下,對公式頭疼的朋友可以直接略過:

做一次失敗的機率為:$1-20\%=80\%=0.8$

重複做n次都不成功的機率是:$80\%n=1-95\%=5\%=0.05$

(重複做n次至少有1次成功的機率是95%,就相當於重複做n次、每一次都不成功的機率是5%)

$$n=\log_{0.8}^{0.05}\approx13.42$$

所以,重複做14次,你成功的機率能達到95%。

如果你要達到99%的成功機率，那麼你需要重複做21次。

那想達到100%的成功機率呢？對不起，這個世界上沒有100%的成功機率，所有人想要做成事，都需要一點點運氣。

我們經常說「正確的事情，要重複做」，這其實就是機率論的通俗表述。

所謂「正確的事情」，指的就是大機率能成功的事情。而所謂的「重複」是什麼？其實，學會了機率論，我們就對重複這件事有了定量的理解。

在商業世界中，20%的成功機率已經不算小了，畢竟，你只要把這件事重複做14次，你的成功機率就能達到95%。

理解了這一點，你就會知道，一次創業就成功的機率太小了，所以，你在融資的時候，不能只做融資一次的打算，而需要做融資更多次的打算。

很多人還想過另一個問題：假如我在一個領域成功的機率是1%，那麼我同時做20個領域，是不是與在一個領域達到20%成功機率的效果是一樣的？

如果我們依然把95%的機率定為成功的標準，那麼1%成功機率的事情，你需要重複做299次。而這，還只是一個領域。

這就像很多人會問：「我是成為一個全才，把20個領域都試遍更容易成功，還是成為一個專才，在一個領域深耕更容易成功？」機率論會告訴你，成為一個專才，成功的可能性更大。

　　理解了這一點，你就會明白，創業要專注，不要做太多事。如果做太多事，你本來20%的成功機率就只剩1%了，你成功的可能性就會更小。

　　你看，雖然這個世界上沒有100%的成功機率，但是只要重複做大機率成功的事情，你成功的機率就能夠接近100%。這就是從不確定性中找到確定性。這是機率論教會我們最重要的思維方式。

　　我們學習機率論，不是為了去算題，而是為了理解這種思考方法，這樣，在做人生選擇的時候，就能選對那條大機率成功的道路。

## 用動態的眼光看問題

　　第二種數學思維，源於微積分，叫作「用動態的眼光看問題」（見圖2-15）。

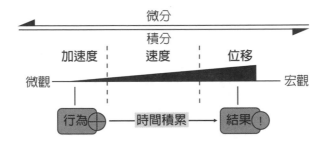

圖2-15　用動態的眼光看問題

很多人一聽到「微積分」，就想起那些複雜的微分方程式、積分方程式，就會頭疼。別怕，我們不談方程式，只談微積分的思維方式。微積分的思維方式其實特別簡單，也正因為簡單到極致，所以非常漂亮。

微積分是牛頓發明的，他為什麼要發明微積分呢？是為了「虐」後世的我們嗎？當然不是。

其實在牛頓以前，人們對速度這些變數的瞭解，僅限於平均值的層面。比如，我知道一段距離的長短和走完這段距離的時間，就可以算出一個平均速度。但是，每個瞬間的速度，我並不瞭解。於是，牛頓就發明了微分，用「無窮小」這種概念來幫助我們把握瞬間的規律。而積分與微分正好相反，它反映的是瞬間變數的積累效應。

那麼，到底什麼是微積分？

我舉個簡單的例子。一個物體靜止不動，你推它一把，會瞬間產生一個加速度。但有了加速度，並不會瞬間產生速度。當加速度累積一段時間後，才會產生速度。而有了速度，並不會瞬間產生位移。當速度累積一段時間後，才會有位移。

宏觀上，我們看到的是位移；微觀上，整個過程是從加速度開始累積的——加速度累積，變成速度；速度累積，變成位移。這就是積分。

反過來說，物體之所以會有位移，是因為速度經過了一段時

間的累積。而物體之所以會有速度，是因為加速度經過了一段時間的累積。位移（相對於時間）的一階導數，是速度；而速度（相對於時間）的一階導數，是加速度。宏觀上我們看到的位移，微觀上其實是每一個瞬間速度的累積；而位移的導數，就是從宏觀回到微觀，去觀察它「瞬間」的速度。這就是微分。

那麼，微積分對我們的日常生活到底有什麼用呢？

理解了微積分，你看問題的眼光，就會從靜態變為動態。

加速度累積，變成速度；速度累積，變成位移。其實人也是一樣。你今天晚上努力學習了，但是一晚上的努力，並不會直接變成你的能力。你的努力，得累積一段時間，才會變成你的能力；而你有了能力，並不會馬上做出成績。你的能力，得累積一段時間，才會變成你的成績；而你有了一次成績，並不會馬上得到領導的賞識。你的成績，得累積一段時間，才會使你得到領導的賞識。

從努力到能力，到成績，到賞識，是有一個過程的，有一個積分的效應。

但是你會發現，生活中有很多人，在開始努力的第一天，就會抱怨：「我今天這麼努力，領導為什麼不賞識我？」他忘了，想要得到領導的賞識，還需要一個積分的效應。

反過來說，有的人可能一直以來工作都做得很好，但是從某個時候開始，因為一些原因，慢慢懈怠了。他的努力程度下降

了，但是他的能力並不會馬上跟著下降。可能過了三四個月，能力的下降才會慢慢顯示出來，他會發現做事情不像以前那麼得心應手了。又過了三四個月，他做出來的東西，領導開始越來越看不上了。在某一瞬間，很多人會覺得「有什麼大不了的，我不過就是這一件事沒做好嘛」，但他忘了，這其實是一個積分效應，早在七八個月前他不努力的時候，就給這樣的結果埋下了種子。

努力的時候，都希望大家瞬間認可，而出了問題後，卻不去想幾個月之前的懈怠。這是很多人都容易走進的思維誤區。

而如果你理解了微積分的思維方式，能夠用動態的眼光來看問題，你就會慢慢體會到，努力需要很長時間才會得到認可；你就會擁有一個平衡的心態，避免犯這樣的錯誤。

吳軍老師經常講一句話，叫作「莫欺少年窮」。其實，從本質上來說，這也體現了微積分的思維方式。少年雖窮，雖然目前積累的還很少，但是，只要他的增速（用數學的語言來說，叫導數）夠快，經過五年、十年，他的積累會非常豐厚。

吳軍老師還向年輕人提過一個建議：不要在乎你的第一份薪水。這其實也體現了微積分的思維方式。一開始拿多少錢不重要，重要的是增速（導數）。

微積分的思維方式，從本質上來說，就是用動態的眼光看問題。一件事情的結果，並不是瞬間產生的，而是長期以來的積累效應造成的。出了問題，不要只看當時那個瞬間，你只有從宏觀

一直追溯（求導）到微觀，才能找到問題的根源所在。

## 公理體系

第三種數學思維，源於幾何學，叫作公理體系（Axiomatic system）（見圖2-16）。

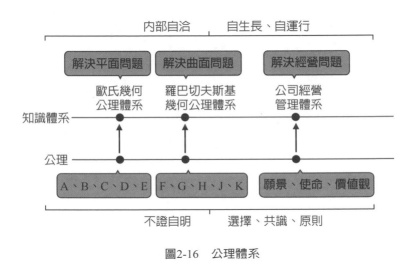

圖2-16　公理體系

什麼是公理體系？比如，幾何學有一門分科，叫作歐幾里得幾何（Euclidean geometry），也被稱為歐氏幾何。歐氏幾何有五條最基本的公理：

（1）任意兩個點可以透過一條直線連接。

（2）任意線段能無限延長成一條直線。

（3）給定任意線段，可以以其一個端點作為圓心，該線段作為半徑作圓。

（4）所有直角都彼此相等。

（5）若兩條直線都與第三條直線相交，並且在同一邊的內角之和小於兩個直角和，則這兩條直線在這一邊必定相交。

公理，是具有自明性並且被公認的命題。在歐氏幾何中，其他所有的定理（或者說命題），都是以這五條公理為出發點，利用純邏輯推理的方法推導出來的。

從這五條公理出發，可以推導出無數條定理。比如：每一條線的角度都是180度；三角形的內角和等於180度；過直線外的一點，有且只有的一條直線和已知直線平行⋯⋯這構成了歐氏幾何龐大的公理體系。

如果說公理體系是一棵大樹，那麼公理就是大樹的樹根。

而在幾何學的另一門分科羅巴切夫斯基幾何（Nikolas Ivanovich Lobachevsky）中，它的公理體系又不一樣了。

從羅巴切夫斯基幾何的公理出發，可以推導出這樣的定理：三角形的內角和小於180度；過直線外的一點，至少有兩條直線和已知直線平行。這跟歐氏幾何是完全不同的。（羅巴切夫斯基幾何雖然看上去好像違反常識，但它解決的主要是曲面上的幾何問題，和歐氏幾何並不衝突。）

因為公理不同，所以推導出來的定理就不同，因此羅巴切夫

斯基幾何的公理體系和歐氏幾何的公理體系也完全不同。

在幾何學中，一旦制定了不同的公理，就會得到完全不同的知識體系。這就是「公理體系」思維。

這種思維在我們的生活中非常重要，比如，每家公司都有自己的願景、使命、價值觀，或者說是公司的基因、文化。因為願景、使命、價值觀不同，公司與公司之間的行為和決策差異就會很大。

一家公司的願景、使命、價值觀，其實就相當於這家公司的公理。公理直接決定了這家公司的各種行為往哪個方向發展。所有的規章制度、工作流程、決策行為，都是在願景、使命、價值觀這些公理上生長出來的定理。它們構成了這家公司的公理體系。

而這個體系，一定是完全自洽的。什麼叫完全自洽？就是一家公司一旦有了完備的公理體系，其實就不需要老闆來做決定了，因為公理能推導出所有的定理。不管公司以後會怎麼發展，會遇到什麼情況，只要有公理存在，就會演繹出一套能夠解決問題的新的法則（定理）。

如果你發現你的公司每天都需要老闆來做決定，或者公司的規章制度、工作流程、決策行為和公司的願景、使命、價值觀不符，那說明公司的公理還不完備，或者你的推導過程出現了問題。這個時候，你就需要修修補補，將公司的公理體系一步步搭

建起來。

我曾跟小夥伴說：「我在公司只做三件事，設置責權利、捍衛價值觀和做一隻安靜的內容奶牛。關於責權利法則，我們只有一條公理——創造最大價值的人，獲得最大的收益。所有的制度安排，都是我用我有限的智商，根據這條公理推演出的定理。任何制度安排（定理），如果違背了唯一的公理，那一定是我的智商不夠用導致的。我會為我的智商道歉，然後堅定地修改制度安排（定理）。如果我拒不改正，或者動搖了公理，請毅然決然地離開我。那個我，不值得你們跟隨。我們因為有相同的公理體系，而彼此成就。」

公理沒有對錯，不需要被證明，公理是一種選擇，是一種共識，是一種基準原則。

制定不同的公理，就會得到完全不同的公理體系，也就會得到完全不同的結果。


## 數字的方向性

第四種數學思維，源於代數，叫作「數字的方向性」（見圖 2-17）。

我們學代數，最開始學的是自然數，包括0和正整數（0，1，2，3，4，5，……）；然後學的是整數，包括負整數和自然數（……，−3，−2，−1，0，1，2，3，……）；之後學的是

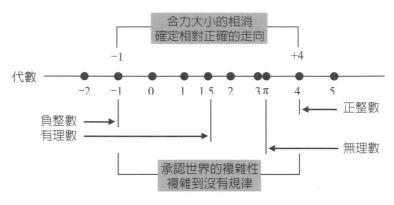

圖2-17　數字的方向性

有理數，包括整數和分數。

　　在學習分數之前，在我們的認知中，數字是離散的，是一個一個的點。而有了分數，數位就開始變得連續了。這就像在生活中，一開始你看事情，看的是對和錯、大和小。慢慢地，你認識到世界其實並沒有這麼簡單，你看事情開始看到灰度。

　　在有理數之後，我們又學了無理數。無理數，就是無限不循環小數，比如 $\pi$ 。任何一個有理數，都可以由兩個數相除而得來。但是無理數是無限不迴圈的小數，你找不到任何規律。這會讓你認識到，在這個世界上，有些事情就是複雜到沒有規律。 $\pi$ 就是 $\pi$ ，根號就是根號，它就是很複雜，你不要試圖用簡單粗暴的方式來定義它。你要承認它的客觀存在，承認這個世界的複雜性。

你看，我們不斷地深入學習各種數，其實是在一步一步地理解世界的複雜性。

往更複雜的程度上說，數這個東西，除了大小，還有一個非常重要的屬性：方向。在數學上，我們把有方向的數叫作向量。

數，其實是有方向的。認識到這一點對我們的生活有什麼用呢？

舉個例子。假如你拖著一個箱子往東走，你的力氣很大，有30牛頓。這時來了一個人，非要跟你對著幹，把箱子往西拉，他力氣沒你大，只有20牛頓。結果如何呢？這個箱子還是會跟著你往東走，只不過只剩下10牛頓的力，它的速度會慢下來。

這就像在公司裡做事，兩個人都很有能力，合作的時候，如果他們的能力都能往一個方向使，形成合力，那麼這是最好的結果。但如果他們的能力不能往一個方向使，反而彼此互相牽制，那麼可能還不如把這件事完全交給其中一個人來做。

還有一種情況：做同一件事情，有的人想往東走，有的人想往西走，有的人想往北走，而你並不知道哪個方向是正確的。這時，你想要的，不是合力的大小，而是方向的相對正確性。那你該怎麼辦呢？

你就讓他們都去幹這件事吧。雖然大家的方向不同，彼此會互相牽制，力的大小也會有損耗，但是最終事情的走向，會是那個相對正確的方向。

## 全域最優和達成共贏

第五種數學思維，源於博弈論，叫作「全域最優和達成雙贏」（見圖2-18）。

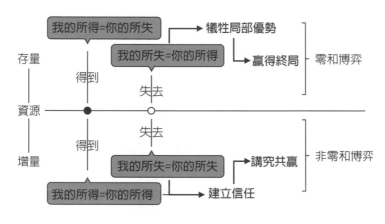

圖2-18　全域最優和達成共贏

什麼是博弈論？我們每天都要做大大小小的決策。比如，今天是喝咖啡還是喝茶，這就是一個決策。但這個決策只跟自己有關，並不會涉及別人。而在生活中，有一類決策，是需要涉及別人的。涉及別人的決策邏輯，我們把它叫作博弈論。

比如，下圍棋就是典型的博弈。每走一步棋，我的所得就是你的所失，我的所失就是你的所得。這是博弈論中典型的零和博弈。在零和博弈中，你要一直保持清醒：你要的是全域的最優解，而不是局部的最優解。

比如，下圍棋的時候，不是在每一步上，你都要吃掉對方最多的子。你要讓終局所得最多，就要步步為營，講究策略，有時候，讓子是以退為進。很多時候經營公司也是一樣，不要總想著每件事情都必須一帆風順，如果你想得到最好的結果，可能在一些關鍵步驟上就要做出一些妥協。

除了零和博弈，還有一種博弈，叫作非零和博弈。非零和博弈講究共贏。共贏的前提，是建立信任，但建立信任，其實特別不容易。假如市場上需要100萬台冰箱，一個廠家發現了這個需求，決定馬上生產100萬台冰箱。第二個廠家發現了這個需求，也決定馬上生產100萬台。第三個廠家也決定馬上生產100萬台……結果，每一個廠家都生產了100萬台，供大於求，大部分廠家都會遭受很大的損失。

如果這時，大家能夠建立起信任，商量好10個廠家每個都只生產10萬台，就正好能夠滿足需求，使每個廠家都能夠賺到錢，達成共贏。但是，只要有一個廠家沒有遵守約定，比如別人都生產10萬台，它卻生產了30萬台，就會導致大家都因此遭受損失。建立信任，特別不容易，但是在商業世界裡，這是非常重要的。那麼，怎麼才能建立信任呢？我給你兩個建議：

第一，你要找到那些能夠建立信任的夥伴。有些人，你是永遠都無法和他達成共贏的，這樣的人你就要遠離。

第二，你要主動釋放值得信任的信號。你要先讓別人知道你

是值得信任的人，這樣，想要與你達成共贏的人才會來找到你。

---

### 小提示

這五種數學思維 —— 從不確定性中找到確定性、用動態的眼光看問題、公理體系、數字的方向性，以及全域最優和達成共贏，我希望你能把它們看懂，並且把它們運用到工作和生活中。

我也希望能借此向你傳達一個觀念：數學不難，真的不難。你不一定要會解大部分數學題，不一定要能背下來所有的公式，不一定要在數學考試中拿滿分，但是你至少要訓練自己的數學思維。訓練數學思維，是為了讓自己擁有符合規律的思維方式。

孔子說：「三十而立，四十而不惑，五十而知天命，六十而耳順，七十而從心所欲不逾矩。」所謂「從心所欲不逾矩」，不是說你要約束自己，讓自己想做的事情不越出邊界，而是你會因為擁有符合規律的思維方式，所以做的事情根本就不會越出邊界。

這，就是從心所欲的自由。

# 系統思維

有一次，我和一位老友見面。他在IT最鼎盛的時候做人力資源外包，獲得了成功，卻很感慨自己沒能在早些年時，感受到「千百十個」中的「千位」也就是時代的變化。因為大量雇人，在早些年時，他就已經意識到中國的人力成本正在上升。但是，也許是因為生意很好，也許是因為實在太忙，他沒有把這種體察轉變為對時代的判斷。

當遇到問題時，他習慣於從「個位」也就是管理上找原因。他想了很多辦法提高管理效率，來對沖人力資源成本上升給外包行業帶來的衝擊。但是，這些方法就像是用湯勺往下沉的船外舀水，效果很不明顯。等到後來，微觀體察變成了所有人的共識，他才意識到，在「個位」上的努力是對抗不了「千位」上的變化的，但那時已經為時已晚，就這樣，他錯失了最好的轉型機遇。

後來，他把人力資源團隊遷移到了印度，整體成本下降了三分之一。但是這些年的忽視和猶豫，導致他與很多新機會擦肩而過。現在他在做一些新的事情，希望這些來自錯失的頓悟，能幫助他抓住新一輪的時代機遇。

這世界上的所有事物，都被規律作用著，以一種叫作「系統」的方式存在著。

　　我們身處時代這個大系統之中，如果沒有一種全域的系統觀，很容易就會和機遇失之交臂。

　　凡事要順勢而為，用「個位」的管理對抗「千位」的時代，如同螳臂當車。徐小平老師說得很好：「你首先選擇行業，然後選擇公司，否則你就是在鐵達尼號的頭等艙，再豪華也終將沉沒。」

　　只有理解了關係和關係背後的規律，才能在複雜的系統中理解現在。

## 商業模式就是利益相關者的交易結構

　　想要理解「系統思考」，我們要先從商業模式開始瞭解起。

　　什麼是商業模式？就是利益相關者的交易結構。

　　舉個例子。過去，如果想開一家餐廳，做為在辦公大樓上班的白領們提供午餐的生意，怎麼做？我會在離大樓儘量近的地方租個鋪面，最好還是臨街的店面。因為到了中午，大樓的白領們就會下樓吃飯，但是午休時間有限，他們不可能走到很遠的地方，所以，離公司越近、越臨街的店面，生意就會越好。

　　如果你問一家做得不錯的上班族餐廳老闆，做好生意最重要的訣竅是什麼？他們大都會說：「哪有什麼訣竅，唯有全心全意為顧客著想，做最好吃、性價比最高的飯菜。」

　　「全心全意為顧客著想」，是用戶思維；「做最好吃、性價

比最高的飯菜」，是產品思維。他說得對嗎？當然對，但又不完全正確。

因為他說這句話時，也許並不知道，他正身處一個自己並不完全理解的商業模式中。

## 看不清交易結構的變化，
## 再完美的產品思維都白費

在上述商業模式中，辦公大樓餐廳與顧客的交易結構是：用租金買流量。很多人會說：「這還用說嗎？就算我不理解你說的這些沒用的術語，我的生意不也做得挺好的嗎？你能說，你可以做給我看？」

在穩定的時代，我會閉嘴，不再說話，好好吃飯，吃完飯祝老闆生意興隆，然後付錢走人。但是在變革時代，這麼想就危險了。今天，網路上出現了很多外賣app。這些外賣平臺，讓辦公大樓裡的白領們不再需要走出公司，在辦公室裡就把午餐問題解決了。這時，你再有用戶思維（全心全意為顧客著想），再有產品思維（做最好吃、性價比最高的飯菜），顧客也會越來越少。

## 戴上系統思維的眼鏡才能透過表像看清本質

為什麼顧客會越來越少？因為做上班族午餐生意這個系統的交易結構變了。擁有系統思維，也就是能夠理解「利益相關者的

交易結構」的人，這時可能馬上就會意識到，這是一個機會：

　　既然越來越多的辦公大樓OL選擇在外賣平臺上買午餐，那我就不需要把餐廳開在離辦公大樓儘量近且臨街的地方了，因為現在不是顧客下來吃，而是我送上門。那麼，只要在大樓附近方圓3公里之內，租個儘量便宜的地方就行，就算餐廳是在一個很深的小巷子裡也沒關係。

　　在距離大樓3公里的深巷裡租個地方，當然比在距離大樓300公尺處租個旺鋪（熱門地點）要便宜得多。這樣一來，同樣品質的菜品，我就可以做到比其他人的更便宜，或者保持同樣的價錢，我還可以給顧客加一份雞腿、滷蛋或水果沙拉，我的競爭力，就會比其他人強很多（見圖2-19）。

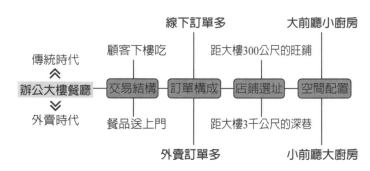

圖2-19　系統思維：時代、行業、公司、模式

　　不只如此，當我發現外賣訂單越來越多、線下佔比越來越少時，我甚至可以把整個餐廳做成一個大廚房。傳統餐廳大約20%

的面積是廚房，80%的面積是前廳，我乾脆不要前廳，不但租金成本會一下子節省80%，使我可以進一步加大優惠力度或者升級菜品，還會使廚房擴大，提供巨大的「產能」，服務那些激增的需求。

而與此同時，在大樓旁的街邊，那些旺鋪的餐廳生意卻有可能越來越差，甚至有可能差到老闆開始懷疑人生：一定是我的用戶思維還不夠，一定是我的產品思維也不夠！

於是，餐廳老闆要求服務員對客人笑得更真誠，要求大廚把飯菜做得更好吃，甚至還會重新裝修，讓餐廳更古典、更豪華……。但是，方向不對，努力白費，在錯誤的賽道上一路狂奔，越努力，毀滅的速度越快。

只有戴上系統思維的眼鏡，透過表像看本質，看到餐廳、產品、使用者、地段等要素在系統中的交易結構變化，才能夠及時認清當下的處境，挽救自己於困境之中。

系統思維，是一種救命的大智慧。很多創業者有使用者思維，有產品思維，但缺乏系統思維，不理解「利益相關者的交易結構」，因此在時代變革中黯然退場。

他們會感慨：「我不知道我們做錯了什麼，但是我們輸了。」你一定要相信，有時候不是你不努力，而是這件事本身就錯了。

## 小提示

這世界上的所有事物，都被規律作用著，以一種叫作「系統」的方式存在著。

要素，是系統中你看得見的東西；關係，是系統中你看不見的、要素之間相互作用的規律。我們要看到要素，看到要素之間的關係，更要看到這些關係背後的規律。

很多企業家都知道，地段好的店面很重要。可是地段為什麼這麼重要？是因為更好的地段帶來了更多的人流。所以，人流，其實才是「旺」和「鋪」這兩個要素之間的關係，是這關係背後的規律。理解了這一點，就能把這個規律推演到整個系統中，瞭解到「哪裡人流多，哪裡就會旺」。這樣一來，早期的PC電商，後來的移動電商、微商以及社群經濟，還有現在的網紅、移動直播和未來的虛擬實境（VR），你就一下子全都理解了。

理解了關係和關係背後的規律，你不但能在複雜的系統中理解現在，甚至還能在一定程度上預測未來。

所有的戰略，都是站在未來看今天。

# PART3.
## 個體進化的底層邏輯

# 人生商業模式＝能力×效率×槓桿

達文西是一名非常偉大的畫家。他最著名的畫，你一定知道，叫作《蒙娜麗莎的微笑》。但是你知道嗎？他除了是一名偉大的畫家，還是雕刻家、建築師、音樂家、數學家、工程師、發明家、解剖學家、地質學家、製圖師、植物學家、作家……，達文西的人生，簡直像開了掛。

赫伯特·賽門（Herbert Simon）是決策理論之父，獲得過1978年的諾貝爾經濟學獎。他是芝加哥大學政治學博士，同時，還是耶魯大學科學和法學博士、麥吉爾大學法學博士、瑞典隆德大學哲學博士、鹿特丹伊拉斯姆大學經濟學博士、密西根大學法學博士、匹茲堡大學法學博士……赫伯特·賽門的成就，單拿出來任何一項，都讓普通人望塵莫及。

巴布·狄倫（Bob Dylan）是一位非常了不起的音樂家，曾獲得過音樂界最著名的獎項──格萊美音樂獎。同時，他還獲得了影視界的金球獎和奧斯卡金像獎、新聞界的普利茲獎以及諾貝爾文學獎。巴布·狄倫，也是一位跨領域的全才。

在這個世界上，有一些人，一旦在某個領域獲得了成功，就幾乎可以在任何一個領域都獲得成功。

為什麼會有這樣的人存在呢？這背後，其實有商業邏輯。

人生，就是一種商業模式。我們可以將其總結為一個公式：

**人生商業模式＝能力×效率×槓桿**

有的人，用這三者換回了全世界。而有的人，卻一無所獲。

下面，我們就來系統地聊一聊人生商業模式中的能力、效率和槓桿（見圖3-1）。

圖3-1人生商業模式＝能力×效率×槓桿

## 能力

在人生商業模式中，第一重要的是「能力」。

首先，我想問你一個問題：你覺得，什麼能力是一個人最有價值的能力？是演講能力、學習能力、溝通能力，還是賺錢能

力？

都不是。

一個人最重要的能力，是獲得能力的能力。這是一種超能力，就像你去找阿拉丁神燈，神燈問你有什麼願望，你說：「我的願望是再要三個願望。」

如果把獲得能力的能力具象化，就是：怎麼只用2年時間，獲得別人5年的能力？

我對這個問題進行了非常深刻的思考和研究，甚至畫了74個數學模型。經過嚴格的數學推演，最終，我找到了答案。這個答案就是：加班。別人一天工作8小時，我一天工作16個小時，是不是就有可能用2年獲得別人5年的能力呢？

當然，「加班」這個詞，我們還可以給它換個名字：勤奮。

什麼是勤奮？

現在很多網路公司都是「996」工作制[9]——早上9點到晚上9點，一周工作6天。而我在微軟工作的十幾年，幾乎天天都是「996」，很少在晚上9點之前下班。

微軟有一個制度——每天免費提供晚餐，而且，只要晚上9點以後下班，還可以報銷叫車費。於是，到了晚上下班時間，很多員工會想：「吃個晚飯再走吧。」吃了晚飯後再一看表，已經快8點了，那就待到9點以後再走吧，反正可以報銷叫車費。

---

9　此處指中國的網路公司。

後來很多公司都採用了微軟的這個制度，特別是一些網路公司。甚至有一些創業公司，工作時間是「711」——早上7點到晚上11點，全年無休。

我現在自己創業做諮詢，我不要求我的員工「996」，因為公司還小，而且，是否「996」應該是員工的個人選擇。我也不要求自己「996」，因為我常年都是「711」，「996」對我來說等於放假。

這就是勤奮。

但是，勤奮就夠了嗎？還遠遠不夠。

特斯拉公司CEO伊隆‧馬斯克（Elon Musk），被稱為「地球上最酷的人」。你知道，馬斯克一定特別聰明，但是你未必知道，馬斯克還超級勤奮。有一次，他在一所大學做演講，一個學生問他：「您是怎麼獲得今天的成功的？」馬斯克給了這個學生一個非常重要的建議，「Work super hard」（非常努力地工作）。

「Work super hard」，我稱之為「可怕的勤奮」。

什麼叫可怕的勤奮？

1999～2001年，我在微軟以工程師的身分做技術。你可能知道微軟是一家特別勤奮的公司。但實際上，在微軟工作，必須「Work super hard」，必須做到可怕的勤奮。

在微軟上班，別說工作到晚上9點了，幹到凌晨都很平常。

但即使到了凌晨，你還是不好意思走，因為整個辦公室全是人⋯⋯。

怎麼辦？接著幹。

為了「幫助」你更加勤奮，微軟在辦公樓的每一層都準備了兩個房間，每個房間裡放了兩張小床。如果工作到很晚，你可以住在公司裡。

但是你不要認為在辦公樓裡放幾張床，就是微軟逼著員工加班。其實真相是，每天早上，很多同事來公司的第一件事，就是把員工卡扔在一張床上，先佔上位置。

他們搶床位不是為了午休，而是為了徹夜睡在公司裡。如果你早上來得稍微晚一點，連床位都搶不到。當時微軟一共有5層辦公室，這5層樓裡的 20 張床，只有來得早的人才配擁有。

那沒有搶到床位的人怎麼辦呢？沒關係。沒有床，你可以睡地上啊！在茶水間，有很多睡袋，我常常拿一個睡袋，睡在會議室的地上。第二天，清潔阿姨一不小心踢到我，我就知道天亮了，然後起床漱洗，繼續工作。

微軟的每一位同事，包括我，都是這麼過來的。

這就是可怕的勤奮。

所有的創業者，在用盡你們的智慧之後，有一樣工作是你們永遠都逃不掉的，那就是可怕的勤奮。

但是，做到可怕的勤奮就夠了嗎？還遠遠不夠。

可怕的勤奮，可能是一種低效的勤奮。所以，我們還得在它前面加上一個首碼，即高效而可怕的勤奮。

什麼叫高效而可怕的勤奮？

2016年，AlphaGo戰勝了李世石，世界一片譁然。2017年，AlphaGo的新版本AlphaGo Master戰勝了柯潔，又一次震驚世人。而這，其實都不算什麼。戰勝柯潔後的同一年，AlphaGo的新版本AlphaGo Zero，又以89：11的戰績打敗了之前戰勝柯潔的AlphaGo Master。

這個版本的AlphaGo，才真的讓人深深恐懼。因為之前的版本，不管多麼屬害，它學習圍棋的方法都是鑽研人類給它的棋譜。所以歸根結底，它還是站在人類的肩膀之上，不會超出人類太多。

而AlphaGo Zero完全沒有學過棋譜，僅僅給它一個輸還是贏的回饋，它就能透過自己跟自己對弈，找到人類從未想到過的棋路，達到前所未有的高度。這讓那些頂尖的棋手們開始意識到：人類以前其實根本就不懂什麼叫作圍棋。

AlphaGo Zero的訓練，依靠的是一個高效的回饋機制。這也是高效而可怕的勤奮中，最最重要的部分。它可以告訴你，你的工作中哪些是有效的，哪些是無效的。換一個你可能更熟悉的名字，就是「刻意練習」。

刻意練習的關鍵，就是透過不斷重複訓練稍微困難的任務，

從而獲得最高效的進步。安德斯‧艾利克森（Anders Ericsson）有一本書就叫作《刻意練習》（Peak），你可以參考。

這就是高效而可怕的勤奮。

總結而言，想要擁有獲得能力的能力，你要勤奮。你不僅要勤奮，還要可怕的勤奮。你不僅要可怕的勤奮，還要高效而可怕的勤奮。

當然，這一切是有前提的：

第一，你真的想要擁有獲得能力的能力。

第二，確保所有勤奮都在你的身體和家庭所承受範圍之內。

## 效率

擁有了「能力」，你還要提高做事的「效率」。

如何才能提高效率呢？怎麼把1個小時用出3個小時的效果？這其實也有系統的方法論──選擇、方法、工具。

什麼是選擇？

真正能夠提高你效率的方法，不是從17分鐘裡省出17秒，而是用17分鐘省出17個小時。也就是說，你要在這17分鐘裡做出一個決定──接下來要花費17小時做的事情，到底值不值得做？

這就叫作選擇。

在做選擇時，你必須考慮：哪些事情是你實現人生目標必須做的？哪些事情是對你的人生目標幫助不大的？哪些事情是你即

使失去現有的條件也一定要完成的？

選擇，是提高效率的第一要義。

有了高效而可怕的勤奮，有了自己的選擇之後，接下來的問題就是，如何真正提高做一件事情的效率。這個時候，你必須借助方法和工具。

舉個例子。2017年6月，一個叫王俊哲的小朋友走失了，家長非常著急。怎麼辦？在家門口張貼尋人啟事嗎？還是在社群發尋人啟事讓親朋好友轉發呢？王俊哲的父母沒有這麼做。他們把走失資訊發佈在「公安部兒童失蹤資訊緊急發佈平臺」的微博上。

這個操作很正常，但不正常的是，他們發微博時用了一張王俊哲穿著比基尼的照片。

穿比基尼的小男生？新浪微博頓時炸開了鍋。網友們紛紛留言並轉發，有的說：「這樣還怎麼讓我認真看圖找孩子？！」有的說：「孩子回來吧，回來就能把照片刪掉了！」有的說：「曾夢想仗劍走天涯，因女裝照被親爹媽曝光而取消原計劃……」有的說：「如果這對父母真的是為了讓更多人轉發，我應該說這對父母機智嗎？」

我不知道王俊哲的父母是不是故意的，如果是故意的，這對父母確實很機智。這條微博很快就收穫了一萬條評論和三萬的轉發量，獲得了大量的曝光和傳播。這就是效率更高的方法。

　　除了用更高效的方法，你還可以借助工具來提高效率，比如白板。

　　我本人最常見的工作狀態，就是站在巨大的白板前，把想法像小石子一樣，扔到知識儲備的湖面上，然後迅速把激起的「浪花」「漣漪」記錄在白板上。這之後，我會退後半米，靜靜地看著這些想法舒展、連接、形成結構，感受創造帶來的喜悅和成就感。

　　但除了喜悅和成就感，白板還解決了我思考過程中遇到的三個非常實際的問題：第一，相對於Word、Excel、PPT，它能把我從「結構化的思維」中解放出來，隨心所欲地思考；第二，相對於A4紙，它能把我從「有邊界的思維」中解放出來，在廣闊的空間裡舒展、連接；第三，相對於翻頁紙，它能把我從「不能錯的思維」中解放出來，想到就寫，寫錯就擦，擦了再來。

　　你可以試試用白板裝修你的辦公室。白板，能把我們從「結構化的思維」、「有邊界的思維」、「不能錯的思維」中解放出來，幫助我們隨時隨地、無邊無際地思考。

　　好的工具，能讓你事半功倍。

　　總結而言，怎麼才能提高做事情的效率？第一要義，是選擇做那些對你來說最最重要的事情。然後，使用更高效的方法、更適當的工具。

# 槓桿

擁有了能力，獲得了效率，就夠了嗎？

當然不夠。

不管你在能力和效率上怎麼提升，你每天都只有24個小時，你能做的事情永遠是有上限的。你始終都無法超越你自己的邊界。所以，如果你真的想要獲得巨大的成功，你必須借助一個神奇的東西——槓桿。

具體來說，有哪些槓桿呢？

我介紹你四種：團隊槓桿、產品槓桿、資本槓桿、影響力槓桿。

**第一種槓桿，叫作團隊槓桿。**

什麼是團隊槓桿？舉個例子。我創立的潤米諮詢，是從事諮詢業的。在諮詢業中，有繁星一樣多的小公司，但做得非常大的公司卻很少。因為諮詢業非常依賴諮詢顧問的專業能力，而專業能力很強的顧問是可遇而不可求的。所以諮詢公司一旦做大，人才瓶頸就出現了，很難複製。但是，就在這樣一個很難複製、很難做大的行業中，有一家公司卻做得非常成功，在全球不斷複製自己，這家公司就是麥肯錫。

如今，麥肯錫全球的年收入規模大約是100億美元。它是怎麼做到的？

　　首先，麥肯錫找到了自己的支點，也就是它堅實可複製的能力內核。

　　在麥肯錫，所有服務過的客戶案例都會進入一個知識庫。這家企業這麼做，成功了，那家企業那麼做，失敗了，無論是經驗還是教訓，都會寫下來，存入知識庫。同時，麥肯錫還發明和設計了很多諮詢的方法論，比如MECE法則、七步分析法，等等。「知識庫＋方法論」，是麥肯錫從最有經驗的諮詢顧問那裡提取出來的「能力內核」，這就是它的支點。

　　有了這個能力內核，麥肯錫開始尋找它的槓桿。

　　每年麥肯錫都會從全球各個頂尖大學，比如哈佛大學、史丹佛大學、麻省理工學院等，招一大批剛從商學院畢業的年輕人。這些絕頂聰明的年輕人，就是麥肯錫充沛而有效的「團隊槓桿」。他們利用科學的方法論和被驗證的知識庫，就可以給比他們年長20歲、30歲甚至50歲的經驗豐富的企業家們提供戰略諮詢了。

　　用團隊來複製做大，是最基礎的槓桿，你必須嫻熟使用。


**第二種槓桿，叫作產品槓桿。**

　　什麼是產品槓桿？舉個例子。15世紀的歐洲，抄寫聖經是個專門的職業，叫作「謄寫師」。一個謄寫師一年大約能抄一本聖經。所以你可以想像，在15世紀，看上去你買的是一本書，實際

上卻是一個謄寫師一年的時間。你買聖經的錢，實際上是謄寫師一年的工資，而這一年的工資，不但要養活謄寫師，還要養活他的一家。所以，在15世紀，只有富人才買得起聖經。

一本聖經就要一個人抄一年，這樣怎麼能快速傳播聖經呢？於是，歐洲教廷採取了「團隊槓桿」的模式，雇用了大約一萬名謄寫師，做大複製規模。但即便這樣，傳播效率還是很低。

怎麼辦？

1450年，約翰內斯・谷登堡（Johannes Gutenberg）開了一家活字印刷廠，開始用「產品槓桿」印刷聖經。活字印刷術的發明，使得複製聖經的價格大大降低，速度大大提高，數量也大大增加。當時的教皇還非常生氣地寫了篇文章，說謄寫師是這個世界上最美好的職業，卻被印刷術給毀了。諷刺的是，這篇文章透過印刷術傳遍了全世界。

谷登堡讓複製聖經這件事，從嚴重依賴人類「邊際交付時間」的「服務」，變成了更多依賴技術和工具而較少佔用人類時間的「產品」。一旦脫離對人類時間的依賴，複製聖經這件事做大的可能性就大大增加了。

為什麼在世界500強中，做產品的公司要遠遠多於做服務的公司？因為只有儘量脫離對人類時間的依賴，一家公司才有可能擁有不受限制的發展空間。

這就是產品槓桿的威力。

**第三種槓桿，叫作資本槓桿。**

什麼是資本槓桿？舉個例子。諮詢這件事情的能力內核，是「知識庫＋方法論」。但是，常常有很多人質疑諮詢業：「你們說得頭頭是道，為什麼自己不幹，只躲在後面給別人出主意，賺那其實並不多的諮詢費呢？」

一個叫羅姆尼（Mitt Romney）的人說：「對啊，我們的建議那麼值錢，卻只收這麼點錢，你們還說三道四。」於是，羅姆尼發明了一種複製放大諮詢業能力核心的特殊方法論：貝恩模式。

首先，羅姆尼會關注並挑選一些經營遇到問題的成熟型公司。然後，他會派分析師團隊對這家公司進行好幾個月的研究，看看還有救沒救。如果還有救，他會向這家公司提出收購邀約，收購的先決條件是，他要擁有這家公司的絕對控股權。一旦收購成功，他會派遣幾十位諮詢顧問前往被收購公司，進行一切相關諮詢服務。最後，這家公司的價值大幅增加，此時，羅姆尼便會出售該公司獲利。

用一句話來總結「貝恩模式」，就是：都給我走開，這家公司我買了，我親自做給你們看，怎樣才能做好一家公司。

因為貝恩模式，羅姆尼的貝恩資本（Bain Capital）獲得了「破產收割機」的外號。在羅姆尼領導下的14年間，該公司的年

投資回報率為113%。貝恩資本，是諮詢業或者說是諮詢投資業的一個傳奇。

貝恩模式的本質，就是把「知識庫＋方法論」這個諮詢業的能力內核，透過資本槓桿來複製放大，從而獲得遠超過諮詢費的收益。

這就是資本槓桿的威力。

**最後一種槓桿，叫作影響力槓桿。**

影響力是一個非常有威力的槓桿。你能接觸到一些最有價值的產品嗎？你能找到一個最好的團隊嗎？你能讓別人相信你並且給你投資嗎？這些都關乎影響力。

可是怎樣才能獲得更大的影響力呢？你需要三種能力：演講能力、寫作能力以及建立人脈的能力。

演講和寫作是兩個大規模殺傷性武器，如果你想擴大自己的影響力，你就要持續訓練。

那建立人脈的能力呢？關於人脈，你需要記住一句話：**人脈，不是那些能夠幫到你的人，而是那些你能幫到的人**。

槓桿能幫你獲得巨大的成功，但是使用槓桿也是有前提的：你必須先擁有強大的能力內核。

記住，所有的槓桿，不論是團隊、產品、資本，還是影響力，它們的作用都是複製放大。

　　複製放大，不是必然導致成功。如果你的能力內核很強大，使用槓桿會使你更快地獲得成功。但是，如果你的能力內核很虛弱，使用槓桿只會加速你的失敗。

## 小提示

　　人生，是一種商業模式。想要獲得成功，就看你能擁有多少能力，達到多高效率，以及使用哪些槓桿。有的人，用它們換回了全世界，而有的人，卻一無所獲。

　　我想，一無所獲的人，也許就是因為沒有帶著槓桿，不去尋找支點，就想搬動全世界。

　　最可怕的能力是獲得能力的能力。

　　最可怕的效率是伸縮時間的效率。

　　最可怕的槓桿是撬動人心的槓桿。

　　願你擁有最可怕的能力，達到最可怕的效率，撬動最可怕的槓桿。用它們換回屬於你的全世界。

# 把工作當成玩

有一年過生日，一同去馬丘比丘、亞馬孫叢林的朋友為我慶生。說完「生日快樂」，他就話鋒一轉，善意地規勸我：「劉潤啊，不要那麼拚命工作，要多休息。」

我說：「我哪裡有拚命工作，我每天都在玩，就連髮際線都保護得特別好。」

對方很驚訝：「劉潤，你這是拉仇恨啊，做諮詢、做培訓、寫專欄、私董會（私人董事會）……同時做這麼多事情還說不累，每一項可都是要耗費大量精力的。」

其實我真的不累，我玩得很開心，這是我的心裡話。

## 工作是創造，不是消耗

在以前的文章裡，我分享過自己如何度過完整的一天：7點準時起床，然後運動、閱讀、參加活動、演講，和客戶討論專案進展，開電話會議，和多年未見的好友暢聊敘舊，一直到晚上11:00，聽15分鐘雨水拍打在窗戶上的白噪音、睡覺。

有人問我，這種像機器一樣的生活是如何練成的？

其實，這種枯燥、機械的工作狀態看似令人難以接受，實際上卻如同一支瑞士鐘錶，體現了一種規律和秩序的美。這也不是

什麼自律，是一種很好玩的生活方式。

你身邊也一定有這樣的人：

他們在應酬之後，還會回到公司獨自寫報告；凌晨在睡夢中被電話吵醒，從被窩裡爬起來為客戶解決問題；假日從不休息，還會工作到深夜。

他們的勤奮和努力，不需要老闆的褒獎，不需要物質的補貼，不需要發社群證明，不需要強打雞血，也不需要被人說服和強迫。

他們發自內心地認為，工作是創造而不是消耗。對待工作的態度，正是優秀和庸常的分界線。

## 玩和工作的四象限

有人問我：「潤總你是怎樣定義玩和工作的？玩是充滿樂趣的、欲罷不能的？工作是重複枯燥的、不得不做的？」

其實，玩和工作從來都不是一維的兩端，不是彼此對立的。認為這兩者像散點一樣水準分布在橫軸的兩側，是一種偏頗的認識。

玩和工作，是可以進行科學的劃分與組合的，它們是「二維四象限」的兩根軸（見圖3-2）。玩是名為「樂趣」的橫軸，負邊是「枯燥」，正邊是「玩」；工作，是名為「價值」的縱軸，負邊是「消耗」，正邊是「工作」。

　　「樂趣」和「價值」兩根軸，把你的時間分為四個象限。你落在哪一個象限，決定了你人生的座標點。

　　時間有兩種截然相反的力量，一種是成就我們，另一種是消耗我們，前者是賦予意義，後者是謀殺生命。

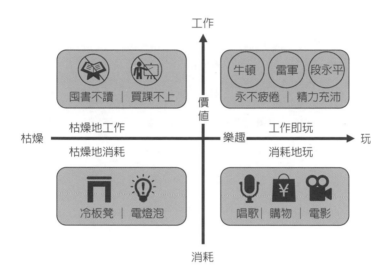

圖3-2　玩和工作的四象限

　　第三象限，橫豎都是負值，是枯燥地消耗。

　　無所事事地閒逛、漫無目的地瞎想、吃飽飯就上床睡覺……不但索然無味，還不創造價值。這樣的事，完全沒必要幹。太陽每天冉冉升起，而你在悲悲切切地浪費光陰。千萬不要忘記，生命和時間才是最珍貴的奢侈品。

第四象限，是消耗地玩。

唱卡拉OK、「剁手」買東西、逛街看電影，都屬於此類。這些娛樂都很有趣，但同樣不創造價值，雖然能讓你獲得短期的滿足，但是會消耗大量的資源，甚至還會讓你陷入長久的空虛。

於是你常常心懷愧疚，渴望改變，但總是遊走在滿腔熱血和因循苟且之間：

知識的匱乏使你害怕愛閱讀的人，因為與他們相比你總是相形見絀，於是你便買書如山倒，讀書如抽絲，有時大半年過去了，斥鉅資買的「精神食糧」也沒吃上幾口；啤酒肚、水桶腰讓你無地自容，你下定決心要瘦出人魚線，不瘦10斤不換頭像，於是下載了Keep App，辦了張健身卡，還請了個私教，結果只是堅持發了幾天社群；同事升職漲薪讓你羨慕嫉妒，你決心要超過他們，讓老闆也對你讚歎刮目，於是你買了一堆課程，但才看了半個小時就昏昏欲睡。

很多人都是這樣吧，間歇性躊躇滿志，持續性混吃等死，改變太難，還是吃雞、打王者比較簡單。

第二象限，是枯燥的工作。

消耗地玩很花錢，還空虛，怎麼辦？那就用「枯燥的工作」來替換吧，還能賺錢。可賺了錢之後幹什麼呢？賺了錢，又可以消耗地玩了。

這樣的場景重複上演，就像古希臘神話中的薛西弗斯[10]，艱難地把巨石推向山頂，巨石又轟隆隆掉下來，生命就在無效無望的重複中消磨殆盡了。

如果你能擺脫懶惰、枯燥、抱怨的地心引力，穿梭到第一象限，工作就會像玩一樣輕鬆有趣，賺錢也只是一件順便的事情。

## 「玩」出成就

這個世界上，有一群人成功的祕訣，就是把工作當成玩。他們正在用各種語言悄悄告訴你，只是你未必聽見。

牛頓因為工作太專心，把手錶當成雞蛋放在鍋裡煮，不是想說自己多麼敬業，只是想說自己玩上了癮。

段永平說自己沒有「加班」這個概念，早早起床工作到晚上10點下班，凌晨還在開會看報告，這是玩到廢寢忘食。

雷軍是人盡皆知的勞模企業家，但看到比他玩得更瘋的韓國三星高管，雷軍也被「雷」到了。幾位三星副總裁幾十年如一日，早上6點到公司，晚上10點才回家，陪伴他們的總是清晨的靜謐和首爾夜晚美麗的燈火。什麼是早高峰、晚高峰？他們統統沒見過。

所以，這個世界上，最可怕的是什麼人？

---

10　希臘神話中被懲罰的人。方式為將一塊巨石推上山頂，而每次到達山頂後巨石又滾回山下，如此永無止境地重複下去。「薛西弗斯式的」（sisyphean）指「永無盡頭而又徒勞無功的任務」。

是那些把工作當成了玩，永遠不知疲倦、永遠精力充沛的人。

那麼，這個世界上，最可悲的又是什麼人？

是那些白天在枯燥地工作，晚上在消耗地玩，日夜如此，任由生命在看似平衡的重複迴圈中消逝不見的人。

而有些人，不分白天晚上，一直在工作，一直在玩，對於這樣的人而言，玩和工作是渾然一體的。

你可能會質疑：因為他們成功了，所以工作得有意義，才能把工作當成玩，我可做不到。

我認為你應該換個角度看：正是因為他們對工作有熱情，主動賦予工作崇高的意義和無限的樂趣，才能擁有這麼高的成就。

我在微軟工作了13年，經歷了畢業、戀愛、結婚、買房、生子，深刻體會到把工作當成玩的魅力。

在我加入「英雄戰隊」後，我一心只想衝在最前線戰鬥，常常幾天幾夜不睡覺，晚上就住在辦公室裡，累了就找個睡袋躺下，直到早上阿姨打掃衛生時不小心發現我被嚇一大跳；我主動申請服務最重要的客戶，懷揣三部手機，那時上海地鐵還沒有手機信號，進地鐵前要打電話向公司報備，以防客戶聯繫不上，出地鐵後再解除報備；我每天打幾個小時的國際長途，半夜裡拿著手機，聽某某著名公司的CIO（首席資訊官）在電話裡用英文怒吼：「我和你們全球CFO（首席財務官）在劍橋是同學，如果凌

晨前你解決不了我的問題，我就⋯⋯」

在微軟的崢嶸歲月裡，我也曾經像你一樣覺得疲倦，可是我熱愛自己的工作。找到工作的樂趣，就有源源不斷的熱情和創造力。

也許這就是人與人之間的區別：都把工作看成是一場遊戲，但有的人只是玩玩而已，有的人卻在努力打怪升級，一心要成為最強王者。

## 小提示

也許在你眼裡，我是「機器人」，是「工作狂」，但我愛這種快樂和秩序。

我沒有拚命工作，我只是玩上了癮。

有句話說得好：出來混，遲早是要還的。

我斗膽把這句話稍做修改：出來工作，遲早是要「玩」的。

年輕人，工作就是玩，很開心，我們一起玩起來吧。

# 如何做好時間管理？

　　總有同學問我：「潤總，你一年要講100多天課，要給企業做諮詢，要寫得到的付費課程，要每日更新公眾號，還要運營付費社群進化島，居然還有時間一年出國玩兩次，你怎麼能在一年之內做這麼多事情？你到底是如何管理時間的？」

　　下面，我就來聊一聊時間管理的問題。

## 時間的顆粒度

　　2016年12月，網路上流傳著一張王健林的行程表。這位62歲的中國首富，早上4點起床健身，然後飛行6000千米，出現在兩個國家、三個城市，最終，晚上7點趕回辦公室，繼續加班。

　　看到這張行程表，網友們紛紛表示：受到了10,000點的傷害。有人說：「最可怕的事情看來真的是比我成功N倍的人，居然慘無人道地比我更努力！」還有人說：「這世界，到底還給不給我們這些年輕人機會啊！」

　　這其實一點都不奇怪。

　　有不少成功人士的努力程度，是很多常人無法想像甚至都不願想像的。我在社群裡寫道：「外企高管們，很多遠不到首富級別的同志們，都是這樣的……」

　　而我從這張行程表裡看到的，是另一樣東西：職業化。

　　看一個人的時間顆粒度，可以看出他的職業化程度。

　　那麼，什麼是時間顆粒度？時間顆粒度，就是一個人安排時間的基本單位。

　　根據行程表，王健林的時間顆粒度很細，大約是15分鐘。和省領導會見很重要？那就安排15分鐘。

　　另一個把時間切成顆粒的人，是全球首富比爾蓋茲。據英國《每日電訊報》專欄作家瑪麗・里德爾（Mary Riddell）說，蓋茲的行程表和美國總統類似，5分鐘是基本時間顆粒度，而一些短會，乃至與人握手，則按秒數安排。這哪裡是把時間切成顆粒啊，這簡直是把時間碾成粉末！

　　你不要覺得誇張，這個「按秒數安排」，我是親眼見過的。

　　2003年，比爾蓋茲到訪中國，在北京香格里拉酒店參加一些重要會面。

　　微軟中國的同事們為了他的到來，一遍又一遍地測量從電梯口到會議室門口要走多少步，要花費幾秒鐘。我當時就在現場，親眼所見每個會議室都坐著一位等著他握手、簽字的重要客人。蓋茲來了之後，依次進入每個房間，握手、簽字、拍照、離開，幾乎分秒不差。

　　每個人，都有自己的時間顆粒度。王健林的是15分鐘，蓋茲的是5分鐘，而大部分人的是1小時、半天甚至1天。

恪守時間，是職業化的最基本要求。

為什麼很多人不守時？是因為他們的時間顆粒度過於粗獷。

有一次，央視的一位主持人採訪王健林，不小心遲到了3分鐘，結果王健林當著她的面，坐上車絕塵而去。這位主持人感慨說：一分鐘不等，一點臉不給，老王就是霸氣。

其實不是老王霸氣，只是時間顆粒度是1小時的她，無法理解對一個時間顆粒度是15分鐘的人來說，3分鐘意味著什麼。

衡量一個人在商業世界中是否職業化，恪守時間是一項最基本的要求。

如果你理解了「時間顆粒度」的概念，就會明白，恪守時間就是理解並尊重別人的時間顆粒度。

**第一，理解別人的時間顆粒度。**

理解，是尊重的前提。

讓時間顆粒度為1小時的人去評價一個時間顆粒度為15分鐘的人的行為方式，他可能會說：「至於嗎？耍什麼大牌啊？」

時間顆粒度為1天的人，喜歡說：「你到北京了啊？那怎麼不順便繞到天津來看我一下啊？」時間顆粒度為半天的人，喜歡說：「你下午在辦公室嗎？我過來找你聊聊天。」時間顆粒度為1小時的人，喜歡說：「路上堵瘋了，我還有一會兒就到，你等我一下啊。」時間顆粒度為半小時的人，喜歡說：「這事微信裡說不清楚，我給你打電話吧。」

這些話都沒錯。

但是如果別人不去天津看你、拒絕你的臨時到訪、不諒解你的遲到，或者不接你的電話，你要理解，那只是因為他的時間顆粒度和你的不同。

**第二，細化自己的時間顆粒度。**

首先你要檢查一下自己的時間顆粒度。怎麼檢查？看看你約人開會，一般約多長時間。如果一約就是半天的會，那你的時間顆粒度就是半天。如果你的會都是以小時為單位的，那你的時間顆粒度就是1小時。

如果你的時間顆粒度是2小時，也不用自責。隨著你越來越成功，時間越來越值錢，你的時間顆粒度一定會變得越來越細。這是自然而然的，不用強求。

但是，在和別人打交道的時候，更具職業素養的商業人士，會懂得至少以30分鐘為單位安排時間，以1分鐘為單位信守時間。

這就是職業化。

**第三，善用日曆管理時間顆粒度。**

現在的電腦、手機都自帶日曆工具，我建議你把所有行程安排都放入日曆中，而不是大腦中，然後利用工具管理越來越細的時間顆粒度。關於工具，我個人比較喜歡用微軟的Outlook，你也可以用手機自帶的其他工具。

## 時間管理三層次

要做好時間管理，還可以對時間進行分層次管理。我曾經提出了以年為單位、以天為單位和以小時為單位的三個層次的時間管理（見圖3-3）。

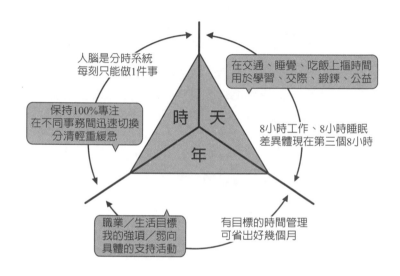

人腦是分時系統
每刻只能做1件事

在交通、睡覺、吃飯上摳時間
用於學習、交際、鍛鍊、公益

保持100%專注
在不同事務間迅速切換
分清輕重緩急

時　天

年

8小時工作、8小時睡眠
差異體現在第三個8小時

職業／生活目標
我的強項／弱向
具體的支持活動

有目標的時間管理
可省出好幾個月

圖3-3　時間管理的三個層次

**第一個層次是以年為單位的時間管理。**

每年1月，我都會制訂新一年的行動計畫，並且審視去年的實施情況。這個計畫包括：

（1）職業／生活目標；

（2）我的強項/弱項；

（3）具體的支持活動。

只有制訂了一年的計畫，我才知道有朋友叫我去唱歌的時候是不是該拒絕，我才知道晚上是不是應該放棄看電視節目而研讀邏輯，我才知道要定期在當當網上買書，終身學習。以年為單位的「有目標的」時間管理，幫我省下來的是若干月的時間。

**第二個層次是以天為單位的時間管理。**

上帝公平地給了每個人每天3個8小時。第一個8小時，大家都在工作，第二個8小時，大家都在睡覺。人與人的區別都是第三個8小時創造出來的。

如果你每天花3個小時上下班、2個小時吃早中晚飯、1個小時看電視，那你自由支配的時間就只剩2個小時了。你可能會非常節省地用它來陪女朋友看電影，或者健身、唱歌、打打遊戲。但是如果你能從交通、睡覺、吃飯上分別省出一些時間並把它們花在學習上，你的學習進步速度將是驚人的。如果你把這些時間花在拓展交際、鍛鍊身體、參加公益上，你的人脈增長速度也將是驚人的。

**第三個層次是以小時為單位的時間管理。**

人類和CPU一樣都是分時系統，只不過晶片每秒分成上億份，人類一小時分成四五份。

每一個時刻我們只能做一件事情，如果被打斷再轉回來的時候，就會有一定的時間被浪費在回憶剛剛在做什麼、做到哪

裡。所以，我們需要鍛鍊在不同事務之間迅速切換的本領，這樣就會更加有效地利用每一個小時的時間，在每一個時間段裡做到100%的專注。這需要我們借助工具，把事情分為「輕重緩急」，然後按照規律去依次處理。

如果你不能以年的方式來管理時間，那麼白白浪費掉的時間就會讓以天、以小時為單位的時間管理變得毫無意義。如果你不能在每一天、每一個小時上有所節省，那麼每年的時間也無法真正得到管理。這三種層次是缺一不可的。

## 時間管理是一種習慣

一位朋友聽完我的時間管理理論後，皺著眉頭說：「如果每個人都這樣來管理時間，生活還有什麼樂趣？」

這不是第一次有人來問我這樣的問題，所以我很自然地給了他回答：我們來做一個實驗，請把你的雙手十指交叉，緊緊地握在一起，不要鬆手。現在來看一看，哪隻手的拇指在最上面？右手還是左手？緊接著，請你的幾位同事也照做一遍。咦？他們中有人與你不同！那麼，讓我們來改變一下，試著故意讓另一隻手的拇指在上呢？怎麼這麼彆扭？這麼彆扭的事情，怎麼他就做得那麼自然呢？我做得那麼自然的事情，怎麼他就那麼彆扭呢？

是的，這就叫「習慣」。習慣，就是別人做起來那麼彆扭的事情，你可以做得非常自然。

你要去夏威夷旅行，這是一個非常難得的機會，你會怎麼安排這五天的旅程呢？你有兩個選擇：

（1）制定一個詳細的日程表，列出每天早上去哪裡、中午在哪裡吃飯、下午去哪裡。仔細審視，保證不會漏掉任何一個重要的景點，然後再出發。

（2）不制定任何日程表，五天隨性遊玩，到喜歡的地方就多待一段時間，甚至住下來，到不喜歡的地方就立刻走。精心計畫反而會破壞遊玩的心情。

你肯定會說：「這還用說？當然是……」不急，問問你身邊的其他五位朋友，你會驚歎：「怎麼？他居然會喜歡這樣旅遊？太不可思議了！」

是的，在別人看來那麼不可理解的行為，你卻認為理所當然，這就是性格所致。

我剛學自行車的時候，不知道摔了多少跤。當時就很感慨：發明自行車的人不簡單，第一個學會騎自行車的人更不簡單。

但是，學會之後，我每天騎車上下學，到家時經常會有這樣的感覺：咦，我是怎麼到家的？完全不記得了！

騎車，已經成了一種習慣。當年痛苦學車的時候，覺得是車在騎我。當成為習慣之後，才是我在騎車。開車同理。有朋友說：「你開手排檔的車，很痛苦吧？」我說：「哪裡，你不提醒我，我完全不記得我的右手在換檔，已經習慣了，一點都不痛

苦。」

　　當我們把時間管理作為一項規則來遵守時，毫無樂趣可言，甚至感覺很痛苦，認為是時間在管理我們。但是，在時間管理成為習慣之後，一切就變得自然而然，這時才是我們在管理時間。

　　這和樂趣無關。覺得毫無樂趣，是因為那不是你的方式，不是你的習慣，不是你的性格。滔滔不絕的人覺得不善言辭的人無趣，不善言辭的人覺得滔滔不絕的人聒噪；精心計畫的人覺得浪漫、隨意的人不嚴謹，浪漫、隨意的人覺得精心計畫的人不靈活。這些都是一個道理。習慣不會讓人痛苦，養成習慣的過程才會讓人痛苦。

　　史蒂芬‧柯維說過：「想法產生行動，行動養成習慣，習慣變成性格，性格決定命運。」我們需要養成一些重要的習慣，接下來的，就交給命運了。至於應該養成什麼樣的習慣，以什麼樣的狀態生活，是你自己的選擇，不應該由別人決定。最關鍵的是，只要你享受其中，高興就好。

## 小提示

時間顆粒度，就是一個人管理時間的基本單位。

有人的時間顆粒度是半天，比如退休老人；有人的時間顆粒度是15分鐘，比如王健林；有人的時間顆粒度是5分鐘，比如比爾蓋茲。

在商業世界中，擁有受人尊敬的職業化素養——恪守時間，是一項非常基本的要求。而恪守時間的本質，就是理解並尊重別人的時間顆粒度。

除此之外，我們還根據時間管理的三個層次，把事情分為「輕重緩急」，然後按照規律去依次處理。如果你不能在每一個小時上有所節省，那麼每年的時間也無法真正得到管理。

時間管理，最重要的不是如何從17分鐘裡省出17秒，而是判斷這17分鐘值不值得用於做某事，以及如何用17分鐘省出17個小時。

# 指數級增長、常態分布和冪律分布

## 「骰盅魔咒」和「彎刀誘惑」

假如你有一個今年即將高中畢業的朋友，他特別聰明，在繪畫和彈鋼琴上都有天賦，現在需要明確未來的發展方向，他該如何選擇呢？

為了回答這個問題，我們需要引入一個重要的概念——「邊際交付時間[11]」，即每多提供一項服務或一個產品所增加的交付時間。

你畫畫的時候，每畫一幅畫，都要花固定的時間。如果你把花3個小時畫的一幅畫賣給一個人，那這幅畫就不能再賣給其他人，你每多賣一幅畫，都要再多畫3個小時，邊際交付時間很高。

彈鋼琴的收入有一部分來自音樂會，但最主要的來自唱片、MP3、版權等。你花時間彈奏一首鋼琴曲，製作成CD發售，無論賣100張、1000張，還是賣10,000張，你花的演奏時間還是原來的時間，邊際交付時間為零。

---

11　對應的概念是邊際成本（marginal cost）。

在繪畫領域，即使你畫得再好，因為時間有限，也永遠不可能一個人滿足所有市場需求。無數人在分食這個非常分散的市場，畫得特別好的，收入會高一些，但也不可能壟斷整個市場。年收入5萬元以下的畫家非常少，年收入30萬元以上的也很少，但年收入5萬至30萬元的卻特別多，符合正態分布。這就是我稱為「骰盅魔咒」的商業模式。

但是鋼琴領域不同，由於音樂的可複製性，邊際交付時間為零，理論上，一個人彈鋼琴可以讓全國人聽，那消費者為什麼不選彈得最好的呢？以我為例，我不是音樂專業人士，我知道的鋼琴家只有郎朗，我報不出第二個名字。因為鋼琴市場符合冪律分布（冪次法則，Power law distribution）[12]，存在頭部市場[13]，我稱之為「彎刀誘惑」，一旦有人獲得成功，他就有機會壟斷整個市場。

那麼，本節開篇提到的那位朋友應該如何選擇呢？理論上，兩個都能選，但必須清楚，這兩個發展方向未來的競爭格局是不同的。

選符合常態分布的繪畫，他以後未必會獲得巨大的成就，但也不可能因為被一個有巨大成就的人佔據整個市場而導致沒飯吃。

---

12 一個數量較小的現象有著很尋常的發生率，相對當數量成長了，發生次數就非常稀少。

13 頭部效應：在一個領域中，第一名往往會獲得更多的關注，擁有更多的資源。

選符合冪律分布的鋼琴，他可能會很難成功，但是一旦成功，就是巨大的成功。獲得巨大成功的前提是大部分人在這個市場裡碌碌無為，所以他要承擔極高的風險。所有人都成為頭部是絕對不可能的，成為頭部所帶來的效益，就是建立在大部分人無法分食的基礎上。

在常態分布的市場上，就像有一股力，這股力會把做得很差的人努力往中間推，同時也把成功的人往中間推。這股力把所有人都往中間推，所以這個市場上頭部和尾部的人很少，中間的人卻很多。而冪律分布的市場正好相反，中間的人要嘛被推上去成為最成功的，要嘛被推下去變成碌碌無為者，所以這個市場上中間的人很少，頭部和尾部的人卻很多（見圖3-4）。

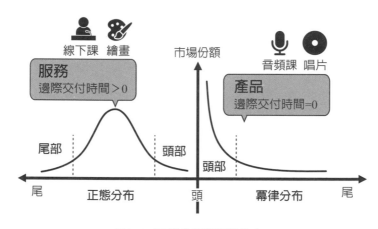

圖3-4　正態分布與冪律分布

商業世界裡的大部分商業模式都被常態分布和冪律分布這兩個數學模型主宰著。

## 如何正確理解指數級增長？

理解常態分布和冪律分布這兩個模型有一個重大的價值，就是能更加理性地理解各種商業邏輯，比如指數型增長。它會使你更容易做出判斷：哪些商業有機會實現指數型增長？哪些商業是你揣著指數型增長的心，但永遠不可能做出指數型增長的實？

舉個例子，開理髮店會獲得指數型增長嗎？

如果你開的是單獨的一家理髮店，那麼是不可能獲得指數級增長的。因為給一個人理髮需要一個小時，一天能理的人數很少，邊際交付時間很高，這也導致全國的理髮市場一定是極度分散的，分散到像一盤沙子，因此，這個市場必然是一個常態分布的市場。

如果你做的是連鎖經營，雖然有做大的機會，骰盅中間部分會稍高一些，但是連鎖店越多，人員越多，帶來的管理複雜度也是呈幾何級數增長的，管理複雜度的力會把它往中間、往平庸方向去推。因此，要想做大，阻力也是巨大的，就像飛行飛到很快的速度，比如超音速，要突破音障是非常困難的。所以，雖然連鎖經營的理髮店也有做得不錯的，但是至今沒有一家可以佔據中國理髮市場50%～70%以上的份額。

　　網路卻不同，在訂票、團購領域，第一名和第二名加在一起，基本上會佔據整個市場70%以上的份額。因為訂票網站不需要開航空公司和酒店，團購網站也不需要開餐廳和旅遊景點，它們是做匹配的，邊際交付時間都為零。

　　我們要明白一個非常重要的道理：不是每行每業、每一種商業業態都能實現指數級增長。如果你希望實現指數級增長，最重要的一點是，即使你所在的行業存在邊際交付時間，你也要把邊際交付時間為零的部分剝離出來，這樣才有機會實現指數型增長。

　　比如，餐飲行業幾乎不可能實現指數級增長，因為餐廳需要提供每一個用餐的人料理，邊際交付時間很高。做成包裝食品放在超市裡賣有可能實現指數級增長，但在飯店交易是沒有可能的。

　　因此，每一家個體經營的麥當勞直營店或加盟店，都不可能獲得指數級增長。但是架構在其之上的麥當勞集團，把邊際交付時間不為零的部分抽離出去交給別人做，透過標準化的經營方式，把那些做法、流程、配方和品牌等邊際交付時間為零的部分抽離出來自己做，卻實現了快速增長。

　　再比如樊登讀書會，它之所以能獲得指數級增長，是因為樊登把組織各地線下讀書會（如聚會、探討等）這類邊際交付時間很高的部分剝離出去，讓合作商來做，樊登只做抽象出來的「每

年讀50本書」這件事。雖然他要花時間錄音,但是給3000人聽和給10萬人聽,成本是一樣的,邊際交付時間為零。

所以,要獲得指數級增長,必須在不同的商業領域、不同的模式之間做出正確的選擇。總體來說,邊際交付時間越高的,越不可能獲得指數級增長;邊際交付時間為零的,才有可能實現指數級增長。對於邊際交付時間不為零的行業,有一種方法可以獲得指數級增長,就是把邊際交付時間不為零的服務的部分切掉,跟別人合作,自己只做那些抽象的、邊際交付時間為零的部分。

## 變革時代的行業選擇

理解這兩種有趣的數學模型以及指數型增長的商業邏輯,對大部分人來說有什麼用呢?不管你是創業還是打工,它都可以幫助你選擇行業。

比如,你恰恰可以考慮避開指數級增長的行業。這些行業競爭慘烈,只有少部分人可以獲得巨大的勝利,大部分人都會因為冪律分布規律而被推向兩邊,他們要嘛被推向指數級增長的頭部市場,要嘛被推向尾部市場,導致一敗塗地。基於此,你可以避開這些行業去選擇邊際交付時間不為零的行業,因為在這樣的行業,那些網路巨頭是不可能直接幹掉你的。

在今天這個行業大變革、商業模式巨變的時代,我們發現,在三大產業裡,服務業是一個非常值得開發的產業。

　　什麼是服務業？我們先來定義「產品」和「服務」：邊際交付時間為零的叫產品；邊際交付時間不為零的，邊際交付時間越高的，越是服務。

　　比如，我線上下幫大型企業做戰略顧問，這顯然是服務；我去公開場合做演講、去企業做內訓，這也是服務，因為我的邊際交付時間是很高的。即使是中國最貴的商業顧問之一，也是一個服務者。

　　而《5分鐘商學院》則是產品。我每天都花5~7個小時來錄製課程，但是音訊發佈之後，無論是3000人來聽、10萬人來聽，還是100萬人來聽，我都不會因為人數的增加而花費更多的時間，邊際交付時間為零，所以我提供的是產品。

　　除了錄製之外，我每天還會花2小時來回答學員的留言。這看上去好像是服務，但實際上卻是產品，因為我回答的時間是固定的，無論多少人來聽，我的回答都是需要花費1~2個小時，邊際交付時間也是零。這導致內容付費這個市場有機會形成冪律分布中的頭部市場，少部分人會因此獲得巨大的集中效益。

　　而對於大部分人來說，邊際交付時間不為零、符合常態分布的服務行業就特別重要了。

　　中國的商業環境正在發生巨變，服務業對目前的中國經濟有著非常重要的作用：對求職者來說，服務業是「就業池」，每個人必須花時間提供服務，不會輕易被機器和演算法替代。對創業

者來說，服務業是「避風港」，符合常態分布，中間可以容納很多中小企業。但是中小企業創業者也要清楚，一旦進入這個避風港，把企業做大的可能性就會變得很小。當然做得相當成功的人也不少，只是很難達到馬雲那樣的成功。

所以，在這個變革的時代，進入服務業是一個不錯的選擇。

---

### 小提示

正態分布和冪律分布是主宰商業世界的兩個數學模型，它們的核心區別在於邊際交付時間是否為零。只有邊際交付時間為零，或者抽離出邊際交付時間為零的部分，企業才有機會獲得指數級增長。同樣，我們還可以用邊際交付時間是否為零來區分「產品」和「服務」。除了在冪律分布市場中險中求勝，創業者和求職者也可以考慮進入正態分布的服務業。

每一件事情背後都有其商業邏輯，把上述基本的商業邏輯和第一性原理搞明白之後，你就會有一雙慧眼，能夠看明白很多複雜的商業問題。

# 把事做對，創造10倍價值

## 你不是要比別人強10%，而是要強1000%

有同學在進化島社群向我傾訴她的煩惱：她在做品牌的過程中，被競爭對手故意抹黑。對方派水軍發差評，甚至把她的產品標籤撕掉，貼上其他不正規的標籤，然後拍照發帖子（PO文），說她的產品是假冒偽劣產品。很多粉絲不為所動，於是對方又派人偽裝成顧客，加粉絲的微信，獲取更多資訊，併發私信給粉絲造謠她的產品品質不好、售後不好等，說她是無良商家。她調查了水軍帶頭人的真實資訊，發現對方只是拿錢辦事。同行無休止的攻擊，讓她特別絕望。

我對她說：當你比他人只強一點時，或許他人會嫉妒、不服，會攻擊你，甚至詆毀你。然而，當你足夠強大以至遠遠超越他人時，他人連嫉妒的勇氣都沒有，剩下的只是對你的仰望和深深的敬畏，他們會愛你、怕你、敬你。

「當你第一次創業的時候，很可能一切事情都很好，你的幸福指數很高。但接下來你會遇到各種各樣的問題，幸福指數會不斷下降，然後你會經歷整個世界的傷害。」這是伊隆‧馬斯克發自內心的感悟，「如果你進入任何一個現有的市場，面對那些強

大的競爭對手，你的產品或服務必須比別人的好得多，不能只是有一點點優勢。因為當你站在消費者的立場上時，你總是會購買值得你信賴的品牌，除非這個產品有很大的差異性。你必須有創新思維，而不是創造更好的同一性。想想iPod是如何取代隨身聽的，或者iPhone是如何取代黑莓的，又或者iPad是如何取代Palm Pilot的？」

你做事情不是只需要增長10%，而是要創造10倍增長。

有人說：「增長10倍？快別開玩笑了。增長1倍我的頭髮都快掉光了。」

其實，在創業時，增長10倍要比增長10%容易得多。

為什麼？

當你想增長10%時，你是希望在原有路徑上獲得自然增長。邏輯不變，血戰向前，並不容易。但是，如果你想獲得的是10倍的增長，那一定不是在原有道路上走出來的，你必須尋找一條新道路；苦思冥想，不斷嘗試，只要找到優化的戰略，就可能瞬間提高10倍。

因此，創業時更重要的是選擇，而不是努力；更重要的是思辨，而不僅僅是執行。用我的「千百十個」邏輯去理解，那就是百位（戰略）上進一步，抵得上個位（管理）上進百步。

你不是要比別人強10%，而是要強1000%。你比別人強一點根本沒用，真正有用的是你比別人強很多。

站在山巔，你才能會當凌絕頂，一覽眾山小。

## 讓自己發生改變，你會發現周圍都是好人

生活中，我們總會遇見一些充滿負能量的人和一些麻煩事。但往往我們真正要逃離的，並不是那些充滿負能量的人和麻煩事，而是不斷遇到負能量人和麻煩事的自己。

我曾經在進化島社群裡分享過一段記者採訪黃渤時的對話，黃渤頗為感慨地談自己成名前後的區別。

記者問：「你以前遭受過冷遇（冷淡的待遇）嗎？」

黃渤說：「當然有，怎麼會沒有？以前唱歌的時候，天天都是冷遇，唱了以後結不出帳，各種受騙上當。從劇組回去也沒車，沒人搭理，只能坐送飯的車，裡面飄揚著各種味道。以前在劇組裡，總能遇到各種各樣的人，對你耍各種小心機，現在身邊全是好人，每張臉都洋溢著笑容，走到哪都是『黃老師，您累不累？您要不要休息？您餓不餓？您要喝什麼？我給您拿點什麼？太辛苦了，黃老師……』」

成名之前，你發現遇到的都是壞人。

成名之後，你發現遇到的都是好人。

為什麼？因為你身處的圈子不同了。

站在「時間軸」上看，你要離開的並不是那些「爛人爛

事」，而是要離開曾經那個不斷遇到「爛人爛事」的自己（見圖3-5）。讓自己發生改變，你會發現你的周圍都是好人。

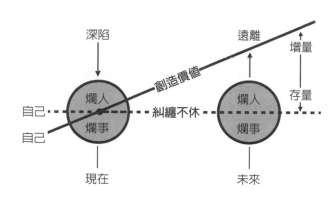

圖3-5　從改變自己開始

## 用心創造價值的人，時間會給你答案

有一次，受光明乳業集團前董事長王佳芬老師的邀請，我為她在領教工坊帶領的同學們分享如何抓住網路時代的轉型機遇。

有位企業家談到，這一年在經濟總體呈下滑趨勢的情況下，他的企業反倒逆勢增長。我問為什麼？他憨厚地說：「服務好，品質好。」他的答案和我猜的恰好一樣。

回歸簡單，回歸商業常識，這個時代，是創造價值者的天堂。

如果你遭遇競爭對手的攻擊、小人的算計，在跟對方溝通的時候，要儘量誘導對方派出的水軍吐露更多的證據，然後諮詢你

的律師，是否可以採取一些反制措施。

如果確實證據不夠充分，沒辦法得到一些法律上的支援，也要儘量保存一些證據資訊，這樣，在面對粉絲的時候，你也可以有理有據地自證清白，不至於陷入有理說不清的境地。

當你擁有大量證據的時候，也可以向粉絲示弱，獲得粉絲的同情和認同，讓他們站在你這邊，和你一起抵禦誹謗者。

保全證據，不斷地坦然公佈，非常重要。但最重要的，還是把重心放在服務好使用者、創造價值上。因為所有的謠言最後都抵不過使用者拿到好產品、得到好服務之後發自內心的真實聲音。

鼓勵你的用戶把真實感受說出來，那些支持、認可的聲音，足以覆蓋撲面而來的水軍的惡評。

用心服務，真誠做產品，就能兵來將擋，水來土掩。

用心創造價值的人，時間會給你答案。

## 小提示

傑克・屈特（Jack Trout）先生曾經講過一個非常重要的觀點：對付價格戰最好的方法是什麼？是漲價。

價格提升，會在消費者心智中形成「高端高質」的品牌印象，而價格上調帶來的毛利資源，也能為品牌帶來更好的工藝和技術，贏得更好的經銷商管道和廣告機會，繼而坐實「高端高質」的用戶認知，形成正向迴圈。

當你覺得生活中到處是「爛人」時，那是因為你生活在「爛人」的圈子裡。你要做的，不是改造那些「爛人」，更不是變成比他們更爛的人，而是遵循屈特先生的教誨，讓自己不斷「漲價」，讓自己配得上更好的圈子。這，才是正道。

一個人痛苦，是因為他沒有高度和格局。高度不夠，看到、聽到的都是問題。格局太小，糾結的都是雞毛蒜皮的小事，算的都是家長裡短的小帳，看不到廣闊的增量。

你站在1樓，有人罵你，你聽到了很生氣。你站在10樓，有人罵你，你聽不太清楚，你還以為別人在和你打招呼。你站在100樓，有人罵你，你根本看不見，也聽不見。

螞蟻和巨龍沒有交集，蒲公英的種子與天空中的彩雲難以相遇。它們分處在不同的世界，永遠不知彼此。不是每個人都配做你的對手，不要在不值得的人身上花時間。

年輕時控制不了自己，長大了寧願睡個好覺。有那個時間，把事做對，一路狂奔，直到他們連你的背影都看不見。用1%的生活，懟贏99%的槓精。

# 人脈的本質是給予價值、平等交換

　　很多人問我：「潤總，你認識那麼多業內強人，你平時是怎麼經營人脈的呢？」我說：「創造價值。」你能創造什麼樣的價值，就會認識什麼樣的人。

　　坦白地說，我自己幾乎是不花時間來經營人脈的。

　　我個人認為，君子之交淡如水。好的人際關係，沒有必要天天一起吃飯，或者逢年過節送個禮。很多人想方設法地去討好別人或者努力經營人脈，就是為了有一天對方能幫到自己，這種狀態是不對的。

　　費盡心思與強人認識，拍張合影，留個微信，對方就能變成你的人脈嗎？不能。如果你對對方沒有價值，對方為什麼要幫助你呢？只有當你能幫到他的時候，他才會來幫你，這就叫雙贏。

　　所以，經營人脈，始終要保持的一個基本心態：毫無保留地把你的價值付諸別人身上。

　　要想盡一切辦法，毫無目的地幫別人。

　　當你經過長期的積累，成為某個領域的專家，擁有了有影響力的作品，那些真正有意義的人脈才會蜂擁而至。一個優秀且有價值的人，自然會吸引其他優秀且有價值的人的認可和幫助。

　　要想認識更多優秀的人，得到更多的認可，首先要讓自己優

秀起來。人脈不在多，在精。

　　當你沒錢、沒資源、沒背景的時候，唯有你的實力、業績、作品，才是讓你在絕境之中脫穎而出的最佳武器。沒有真本事，無法幫助到別人，就算你認識的人再多，他們也不會是你的人脈。

　　人脈的本質，是平等交換（見圖3-6）。

　　當你把自己變得足夠優秀的時候，讚美、認可、人脈，你想要的一切，才會紛至沓來。只有優秀的人，才擁有有效的人脈。

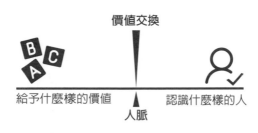

圖3-6　人脈的本質是平等交換

## 你能為別人創造多大價值，你就有多大價值

　　一個人的財富基本盤，由兩個組成部分：

　　第一，你自己的本事；

　　第二，你和其他人聯結的本事。

　　前者是1，後者是1後面的0，而且，後者是前者的放大器（見圖3-7）。

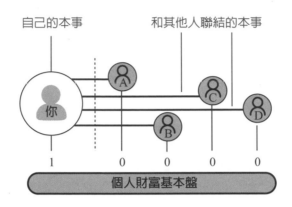

圖3-7　人脈的本質是給予價值

　　有句話說得很好：學到的就要教人，賺到的就要給人。教人、給人、結識人的背後，並不是某種商業訴求和目的，而是順其自然、發乎於心。一段合作關係，最初越是刻意、功利，越是不加掩飾、急不可耐，就越有可能和初衷背道而馳。

　　所有的合作，都是先基於瞭解和信任，然後不斷地把自己變得有價值，為身邊的人創造價值，才得以實現的。

　　2005年，我和朋友們共同創立了公益網站「捐獻時間」，像淘寶一樣匹配志願者的需求和供給。這個網站成立一年後，超過4000人註冊成為志願者，其中有564名志願者參與了61個機構組織的227場志願者活動，捐獻了自己寶貴的3,071小時，使得21,822人受到了幫助。

這意味著，每3小時，就有志願者透過「捐獻時間」捐出自己的1個小時。每24分鐘，就有1個人獲得幫助。

網路的力量第一次在公益領域產生了如此大的作用，無數媒體爭相報導。中央電視臺專門派了一位叫梁錚錚的記者飛到上海，與我們談合作。2007年，「捐獻時間」開始與央視合作，啟動「慈善1＋1」計畫。

因為和央視合作，我認識了一位央視的導演。有一天，這位導演說介紹一個人來採訪，她的名字叫江欣榮，是首屆中華小姐環球大賽的冠軍。

聊完之後，雙方都覺得不錯。她想到香港也有家企業想做公益，正在考慮採用什麼形式來運作，覺得我可以和那位企業家聊聊，幫忙指點一下，於是就把我轉介紹給了另一個人。

去見這個人之前，我並不清楚對方是誰，江欣榮以為只要說出了他的名字，我就知道，也沒做詳細介紹。一起吃完飯之後，我回去一查，才知道他是當時香港恒基兆業集團的執行董事及副主席李家傑（「亞洲股神」李兆基的長子）。

我們就這樣認識了。

2008年，李家傑牽頭，成立了一個公益機構，叫作百仁基金。百仁基金的創始人有43個，我是其中之一，另外42個都是香港的富二代。大家聚在一起，就是為了能給社會做一些貢獻。而百仁基金所做的事情，其實就相當於把「捐獻時間」在香港又做

了一遍。

多年之後，我離開微軟，創立潤米諮詢，恒基兆業集團又成了我的客戶，而我也成了李家傑的私人商業顧問。

李家傑是我的第一位諮詢客戶，從此，我正式開始了商業顧問的生涯。

巨大的事物，總有細小的開頭。這其中的每一環，一直能夠追溯到最初的一個微小的善念，一環扣一環，形成一個因果鏈。

我做的這些事情，除了運氣之外，事先都沒有任何商業目的。我從來沒有抱著某種目的，去主動認識他人，而是踏踏實實做事，為別人分享價值、創造價值。

讓別人記住你，才會有認識、合作的機會。不然，即使要到了名片，加了微信，合了影，別人也不一定會成為你的人脈。

真正的人脈，本質是給予價值、平等交換。你能給予什麼樣的價值，就會認識什麼樣的人。你能為別人創造多大價值，你就有多大價值。

## 你能幫到的人，才是你的人脈

很多人來找我，問我是否認識某個人，然後請求我牽線搭橋。如果我對請求牽線搭橋的這個人有一些瞭解，覺得他比較靠譜，我就會讓他寫一段東西，幫他轉給他想認識的人。

如果他說不能寫，但又說介紹了必有重謝，那我基本就不會

搭理他了。因為所有的合作，都是建立在對雙方都有價值的基礎上的。一個人想認識另一個人，是因為他認為對方對自己有價值。但是，如果我要介紹這兩個人認識，必然是基於一個判斷，那就是他對對方也有價值。但他對對方有沒有價值，我無法判斷，只能交給他自己來進行判斷。

所以，讓他寫一段東西我幫忙轉交，已經是最大的面子了。如果因為重謝而介紹了一個不靠譜的人給我的朋友，這就相當於我用「重謝」的價格，出賣了我的信用。

多重的「重謝」，才能買得起我的信用呢？

對雙方有價值的事情，介紹雙方認識是成人之美，分文不取；對單方有價值的事情，那是出賣自己的信用，重金不賣。

你要認識一個人的關鍵，是他想不想認識你。這個決定權在他，不在我。

如果想要積累人脈，你能做的，就是不斷積累自己的價值，並不斷輸出自己的價值。

當你能夠幫到越來越多厲害的人時，你的人脈才會越來越廣，人脈的品質也會越來越高。

那些能幫到你的人，不是你的人脈；只有那些你能幫到的人，才是你的人脈。

## 真正的人脈，就是10-30-60

關於人脈，馮侖先生（現為萬通集團董事長）有一個理論：
在正常情況下，人一生交往的關係是10-30-60（見圖3-8）。

當你遇到危難時，能借錢的物件不超過10個人。每天你都可
以想一遍，誰能夠借錢給你？就算是把親戚、父母、朋友都加
上，你能張口借錢的物件也不會超過10人。

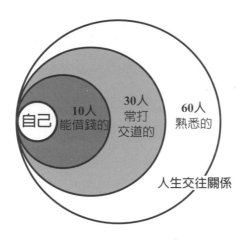

圖3-8　人生交往關係「10-30-60」

再往外一層關係就是熟人朋友、經常打交道的人等，這些人
加起來大概不超過30人，其中還包括我前面說的那10人。所以，
雖然你電話本裡的人有很多，但其實你多數都記不住，有時候乾
脆忘了。

最外一圈關係是所謂的熟人，也就是打電話的時候記得住這個人，而且也大概瞭解他的背景，但可能很長時間都沒有見的那種朋友，這些人最多也就是60個，這60個人還包括了前面說的30人。

所以，人這一生，其實不需要太多的關係就能應付得了。

需要花精力去瞭解的人，其實很少，不會超過60個。只要把與這60個人的關係維繫好，就夠你用一生了。

> ## 小提示
>
> 想要積累人脈，你能做的，就是不斷積累自己的價值，並不斷輸出自己的價值，去幫助別人。
>
> 如果你不斷發光發熱，都幫不到一些厲害的人，那只能說明你暫時對他們是沒有價值的。他們暫時還不是你的人脈。等到有一天，當你有能力幫到他們的時候，他們才會成為你的人脈。
>
> 記住，健康的人脈，是雙方的共贏，而不是單方的消耗。

# 知識、技能與態度

有一次,我在 所大學演講,一位同學問了我一個問題:
「老師我想問,大學學的知識對你現在的工作有多大的幫助?」

這是一個好問題。我稍微猶豫了一下,回答說:「不到
10%。」為什麼這麼說?

我這一生只能學會三件事,就是知識(Knowledge)、技能
(Skill)和態度(Attitude)(見圖3-9)。

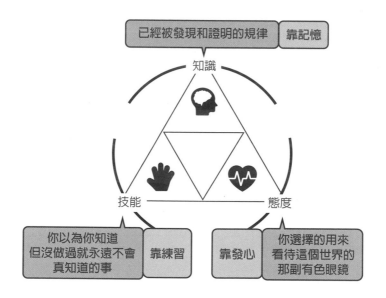

圖3-9　知識、技能與態度

## 知識

什麼是知識？知識就是已經被發現和證明的規律。它是確定的，不需要你透過自身的成功、挫敗去驗證，然後恍然大悟。

比如，「1＋1＝2」是確定的，絕不會等於3，也不可能等於0.5。這不是腦筋急轉彎。再比如，供給大於需求，價格就會下降；把商品放對了心理帳戶，會增加消費者購買的意願……這些都是確定的。

學習知識的方法簡單直接：透過「記憶」，把知識分門別類地存放在你的「儲存腦」的某個「抽屜」裡。

在大學裡甚至整個學生生涯中，我們學的大部分都是知識，數學、物理、化學、地理、歷史、生物、生理衛生……都是知識。所以，檢查一個人有沒有學會的方法是做題[14]，比如，請他列舉南昌起義的四個重大意義，默寫李商隱的《無題》等等。

但知識是有適用邊界的，甚至是有保質期的。你生命中最有知識的時刻，幾乎是你高考的最後一天，第二天估計就忘了一半。我在大學裡學到的知識很多，但現在還有價值和時效的已經不多了。現在對我最重要的知識是寫郵件的知識和開會的知識。

工作一直在變，要求一直在提高，我一直在學習，一直在不斷地更新自己的知識。不學習就要被超過。學習知識，要用「腦」。

---

14　做題目、做測驗的意思。

## 技能

比學習知識更重要的，是學習技能。

什麼是技能？技能就是那些你以為你知道，但如果你沒做過就永遠不會真的知道的事情。

很久以前，有人教過我怎麼同時拋三個橘子：第一，用左手把橘子拋到空中；第二，立刻把右手的橘子交到左手，並等待落下的橘子；第三，等上升的橘子到了最高點，拋出下一個。要領很簡單，我很快就記住了。可是到今天，我還是做不到。為什麼？因為我缺乏練習。拋橘子之所以叫「技能」，就是因為它是「學」不會的，要靠「習」，要用「手」。

還有哪些是技能呢？騎自行車是技能，你永遠「學」不會騎車，只能靠練「習」，甚至練到渾身淤青之後，才能掌握這門技能。演講是技能，你讀了100本教你如何演講的書，但如果從不上臺，恕我直言，你還是一輩子都「學」不會演講。談戀愛也是技能，但很可惜你一輩子也談不了幾次戀愛，所以，因為缺乏練習，自古以來地球人都是不擅長談戀愛的，等你真的「習」得了這種能力，估計已經用不上了。

仔細想想，我們是不是常說溝通「技能」、談判「技能」、演講「技能」、管理「技能」，卻不說溝通「知識」、談判「知識」、演講「知識」、管理「知識」？因為這些都只有靠練習才能變成條件反射，存儲在你的「反射腦」中。

## 態度

最難學的，是態度。

什麼是態度？態度就是你選擇的用來看待這個世界的那副有色眼鏡。

比如，你覺得這世界是友善的，還是充滿惡意的？你覺得誠信的人是值得合作的聰明人，還是可以用來欺騙的傻瓜？你是覺得商業利益是滿足客戶的順帶結果，還是認為滿足客戶是獲得商業利益的一種手段？

每個人心中都有一扇門，無論外人如何呼喊、衝撞，這扇門始終只能從裡面打開。態度是沒有人可以教的，態度是你的「心」的選擇。

歷史上，知識、技能達到極致的人很多，邱吉爾、希特勒都是。但是他們選擇了完全不同的態度，於是對世界產生了完全不同的影響。

態度源於心靈。所以有人說，態度決定一切。

## 小提示

總結而言，對我今天有幫助的，態度佔超過50%；技能佔大概30%；知識只佔不到20%，其中來自大學課堂的知識已經不到一半了，所以我有如上的回答。

關於知識、技能、態度，我給你幾個建議：

第一，不要把知識當技能學。有一些「實戰主義者」，只相信自己感悟的東西，說「聽了那麼多道理，還是過不好這一生」，所以拒絕學習前人思考總結出來的客觀規律，把知識當技能學，透過四處碰壁，總結出一些似是而非的經驗。這就是「重新發明輪子」。你的頓悟，可能只是別人的基本功。只有站在前人的肩膀上，人類才能不斷進步。

第二，不要把技能當知識學。有一些「理論主義者」，喜歡透過買書來學習。想學演講，買本書來看看；想學談判，買本書來看看；想知道怎麼看書，也買本書來看看。你能買到的書，教的都是練習技能的步驟，而不是技能本身，這就是為什麼我們說「紙上得來終覺淺，絕知此事要躬行」。

用腦學習知識，用手學習技能，用心學習態度。把知識學以致用，把技能練成藝術，那麼你用心相信的東西就一定會實現。

# 心態高過雲端，姿態埋入地底

在一次私董會上，我給大家講了三個概念：自汙、示弱、看淡（見圖3-10）。

這三件事，看上去都是把自己踩在地板上摩擦。憑什麼，有必要嗎？

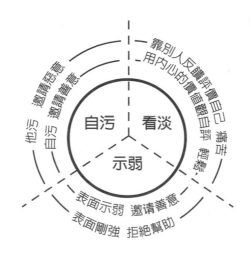

圖3-10　自汙、示弱與看淡

## 自汙

我在社群裡、微博上從來不維護自己所謂「高大上」的形象，而是經常用小龍蝦、醜照、段子手（寫段子的筆者punster）

來自黑，為什麼？

因為「君子自汙」。

什麼叫君子自汙？就是你渾身雪白地出門，就會有人忍不住往你身上潑髒水，對你滿滿的惡意。人們不相信「潔白無瑕」，或者不能忍受有人潔白無瑕。

事實上也沒有。

那怎麼辦？

出門前，不妨往自己身上潑一些髒水。這樣，別人看到你就會哈哈大笑，但是惡意全消。

你可能會想，這有什麼意義？他汙、自汙，不都是汙了嗎？

其實，「汙」不重要，因為這世上沒有絕對潔淨的東西。重要的是，你用「他汙」邀請惡意，還是用「自汙」邀請善意。

## 示弱

企業家都會極力展現自己剛強的一面，但其實，他們的內心有時非常脆弱，這是非常辛苦的，因為你表面的剛強，拒絕了所有外界的幫助和能量。

「這件事已經有了三個方案，個個都很棒，但我還是想給你一個機會，讓你說說你的看法，雖然我不一定會聽。」——**這就是外表剛強，內心脆弱**。

不如試著示弱，真誠地告訴別人：「我需要幫助。」

「這件事我想了幾天了，但一直都沒想清楚，非常需要你的意見，是否可以給我一些幫助？」——**這就是外表示弱，內心強大**。

只有強大的內心，才會示弱。

示弱，會邀請能量，邀請善意，邀請幫助。

## 看淡

2006年，我寫了一篇文章〈出租司機給我上的MBA課〉，被瘋狂傳播。

很多人說我瞎編、無知、別有用心，說故事寫得不錯，但缺乏常識，太假了。在輿論的漩渦中心，無論往哪個方向看，看到的都是誤解。怎麼辦？

這種時候，對一個人的自我評價體系就是一個極大的考驗。

如果你靠別人的回饋來評價自己，會非常痛苦。你總想向別人解釋，可是，如果是一兩個人質疑你，你還能解釋清楚，如果是幾十萬、上百萬人誤解你，你怎麼解釋？

這時，如果你用自己內心認同的價值觀來評價自己，就會瞬間看淡所有的誤解。

你會覺得：他們怎麼評價，是他們的事。我對我自己的看法，只和我自己認同的價值觀相關。

這是一種很難的修煉。但是如果煉成，你會真正地看淡。

## 小提示

自汙、示弱、看淡這三件事，看上去都是把自己踩在地板上
摩擦。憑什麼，有必要嗎？

有必要。

因為只有「心態高過雲端，姿態埋入地底」，你才可以擁有
最高尚的朋友，而沒有最低微的敵人。

# 人人都應該是自己的CEO

每個人都是一家「無限責任公司」，與世界進行價值交換，我們每個人都是自己的CEO，用一生的時間來經營自己，追求成功。

而剛剛畢業的大學生、初入職場的年輕人，就像是一家剛剛起步的創業公司，未來是光明的，道路卻是曲折的，一不小心，可能還會夭折了。

可能你最關心的，是自己這家公司一年有多少收入，能獲得多少成長，會不會為了一頓晚飯勞心傷神，是不是每天都要忍受擁擠不堪的地鐵、蝸居在幾平方米的合租房裡，能不能堅強勇敢地活下去。

那麼，在真實殘酷的世界裡，我們要如何左衝右突，浴血搏殺？怎樣才能從新手階段的手無寸鐵發展到學會刀槍劍戟、斧鉞鉤叉，能獨當一面，獨步天下？

## 你和企業，本質是合夥關係

想要在企業裡獲得更高的收入、更多的成長，我們首先要明白自己與企業的關係。

所有企業和員工的關係，本質都是合夥關係。

你可能會說：「不是吧，企業與員工難道不是雇用關係嗎？我們給老闆打工，拿一份微薄的工資，怎麼就成了高大上的合夥關係呢？」

在《5分鐘商學院》裡，我舉過一個例子——「優先劣後」的分級基金。

我出1000萬元，你出3000萬元，我們成立一支共同基金，一起打理和經營。如果虧錢了，先虧我的這1000萬元，萬一錢都虧光了，我們可以選擇關閉基金，把3000萬元還給你，避免你的虧損。

居然還有這樣的好事？是的。不過賺錢了，我也要多賺一點，8%以內的收益給你，超過8%的收益都歸我。

你不承擔風險，收益自然是有上限的；我承擔風險，也要享受風險所帶來的收益。

你優先，我劣後，這就是我們的合夥關係。

所以，雇用關係本質上也是一種合夥關係。

你加入了一家公司，就相當於公司與你一起，成立了一支分級基金，只不過你優先，公司劣後。

在你與公司的合夥關係裡，即使公司虧損，直到公司關門倒閉的那一天，員工都有薪水領，而老闆則可能會賣房、賣車，甚至輸掉自己的全部身家。老闆承擔著更大的風險、更大的壓力，如果公司成功了，他多得一些，也是應該的。

一個人只有明白了自己與企業的關係，才能用更加認真、端正的態度來對待工作，實現自身的價值。

## 工資、獎金、股權、價值觀

明白自己與企業本質上是合夥關係後，你可能會問這樣的問題：「那我和企業之間的利益應該如何分配呢？」

在資本與人才的關係中，大致有四種不同的利益分配形式，分別對應著不同的貢獻程度和風險大小（見圖3-11）。

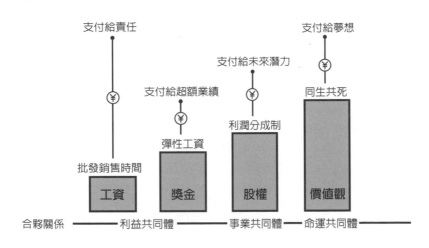

圖3-11　四種利益分配方式

### 第一種利益分配形式是工資。

對初入職場的年輕人來說，收入的主要來源是批發銷售自己

的時間得來的工資。

雇主把員工一天的時間、一個月的時間、一年的時間以一個統一的價格一次性買走了，虧錢了也必須照樣發給員工工資，但是賺錢了不能談要分多少，因為員工的時間早就被老闆一次性買斷了。

工資是支付給責任的，一個人想要漲薪，就必須提升自己的能力，承擔更大的責任。

所以，我們只有磨練好自己的「金剛鑽」，才有能力去攬更多的「瓷器活」。

活做得好，錢自然多。

**第二種利益分配形式是獎金。**

獎金本質上是一種彈性工資，是支付給超額業績的。

老闆今年給你定的銷售業績是200萬元，但是你業績出眾，超額完成，達到了250萬元的銷售業績，那麼你就應該獲得額外的獎金，分得更多的利潤。

看到這裡，有沒有覺得獎金制度有點像剛剛我們說的合夥制度？

老闆會為你的苦勞鼓掌，也會為你的功勞頒獎。

當你努力工作、完成超額業績時，既能拿到工資，也能拿到獎金，你自己這家一開始小小的創業公司，就又成長了一分。

**第三種利益分配形式是股權。**

工資支付給責任，獎金支付給超額業績，那麼股份又是支付給什麼呢？

股權有很多形式，比如分紅權、期權、股票等，但是股權的本質，是「利潤分成制」，是支付給未來的潛力的。

這家公司、這個業務接下來將會如何發展，誰也不知道，外部環境兇險莫測，競爭對手虎視眈眈，儘管如此，公司每個月還要給你開工資，壓力太大。

這時，老闆也許會和你商量，讓你把眼光放長遠一些，說服你拿低一點的工資、少一點的獎金，但給你20%的股份，以後公司賺了錢你就可以分錢。

這時，你和公司的合夥關係就發生了變化，從一開始的利益共同體轉變為事業共同體。你承擔的責任更大、風險更大，但你也從給老闆打工變成與老闆一起創業了。

**最後一種利益分配形式是價值觀。**

價值觀，就是為共同的夢想工作，哪怕公司不給你工資，不給你獎金，全世界的人都攔著你，你也一定要做成這件事。這時，你和公司不再是利益共同體，不再是事業共同體，而是命運共同體，同甘共苦，同生共死。

看完這四種不同的利益分配方式，年輕的CEO們，你現在屬於哪一種，又嚮往哪一種？

## 從打工者到創業者，從普通員工到CEO

瞭解了員工與企業的本質關係，也明白了四種不同的利益分配方式，你可能還是有點迷迷糊糊、懵懵懂懂：我到底應該如何成長？

舉個簡單的例子。你可能是剛剛走出校門的應屆畢業生，滿懷欣喜地進入一家公司，從事銷售工作。在前兩年，你也許只是一個銷售助理，每個月拿著固定的工資，做著非常具體、繁複的工作，早出晚歸，非常辛苦。

但是，心有夢想的你不願意只拿固定工資，你渴望有更多的收入，更希望能獨當一面。於是你拚命學習，努力成長，終於在第三年成為一名能夠單打獨鬥的銷售，有機會獲得超額完成業績的獎金。

在接下去的幾年裡，隨著能力的不斷提升，你一路過五關斬六將，將「金牌銷售」、「冠軍銷售」等榮譽悉數收入囊中，你也因此獲得了大筆獎金。

可是你還不滿足，你發現自己所在大區的業績已經飽和，連續三年的銷售額都是1000萬元左右，怎麼漲都漲不上去了。你想要開拓更廣闊的市場、追求更大的舞臺，怎麼辦？

於是你和老闆說：「老闆，我們合夥吧。」

你們成立了一家新的分公司，你出資40%，老闆出資60%，共擔風險，共用收益，你不再是老闆的員工，而是成了老闆的合

夥人，你們是新的共同體。

　　就這樣，你邁著堅實的前進步伐，從默默無聞的打工者，成長為名副其實的CEO，你自己這家小小的創業公司，也蛻變為雄霸一方的新獨角獸。

---

**小提示**

有一句話，我特別希望與初入職場的年輕人分享：松鼠過河需要策略，巨人過河踏水而過。

當我們還是一隻小松鼠的時候，面對著名為「未來與無知」的洶湧湍流，都會心生膽怯，不知所措。松鼠通常會先跳到一塊石頭上，接著左顧右盼，張望著下一塊落腳的石頭在哪裡，在害怕和糾結中艱難過河。

而巨人過河，不用看河流的深淺，不用理會石頭的分布，從容瀟灑，踏水而過。

每一個初入職場的年輕人，一開始都像是驚慌受怕的松鼠，在冬天會為了一頓飯憂愁。可是隨著不斷的成長，時間和經歷會把我們雕刻成自己想要的模樣，我們終究會成為從容不迫的巨人。

因為，我們是自己的CEO。

# 藝術家為人類帶來自由

藝術家是什麼？藝術家是駭客。而藝術作品，就是駭客的代碼。我們應該感謝藝術家，因為他們為人類帶來了自由。

## 人體內的「獎勵機制」

人體內，有一套「獎勵機制」。這套「獎勵機制」是DNA（基因）為了繁衍，生命為了延續而創造的，宗教認為它是被「設計」的，而進化論認為它是「物競天擇，適者生存」出來的。這套獎勵機制是什麼呢？

就是你做了清單上的一些有利於生存、繁衍的事情，人體就會按量分泌出一些令你愉悅的化學物質，作為對你的獎勵。但你要是不做呢？人體就會分泌出另一些物質，讓你痛苦。從這個角度來說，人體是DNA的宿主。

## 藝術家讓人類不再受制於DNA

再設計精妙的獎懲機制，也會有漏洞。聰明的人類發現，看一幅美麗的畫、聽一首美妙的歌，會使自己或心生愉悅，或潸然淚下，或心潮澎湃，雖然這對生存、繁衍沒有任何幫助。

為什麼？因為藝術家在無意中找到了一些特殊的刺激物，透

過人體的感官，把這些刺激傳入人體，可以短路獎懲系統的代碼，使人體直接分泌化學物質（見圖3-12）。

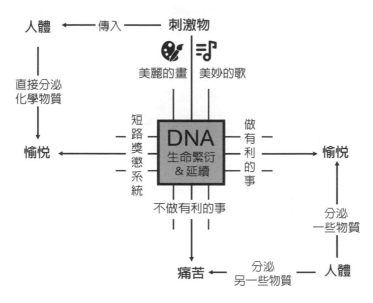

圖3-12 藝術家為人類帶來自由

DNA很想將其修復，但是這套系統的代碼量實在是太龐大了，所以，幾十年甚至上千年來都沒能修復。而且，透過藝術品「黑」進獎勵系統分泌的化學物質，量很小，也不值得修復。所以，幾千年來，人類就利用這個漏洞和DNA的容忍，來取悅自己，在艱難的生活中，找些樂趣。

小提示

藝術家，都是駭客。他們給人類找到了自己控制化學物質分
泌的方法，使人類不完全受制於DNA。
藝術家給人類帶來了自由。

# PART4.
## 理解他人的底層邏輯

# 理解What、Why、How**才能知行合一**

作為一名商業顧問，我經常會帶領一些企業家開私董會。每一次開私董會，都會有一位學員提出自己在企業管理過程中遇到的問題，並接受大家的詢問，大家會給他一些幫助和建議。

開了很多次私董會之後，我發現一個特別有趣、值得每一個人重視和思考的現象：很多坐在這裡尋求別人幫助的人所提出的問題，並不是一個問題，而是一個答案。

舉個例子。有一次，一位學員提出了這樣一個問題：我怎麼才能給我的高管降薪？

大家聽到這個問題之後，就開始圍繞著這個問題提問，比如「你給他降薪他有可能會離開，你希望他離開嗎」，試圖幫他找到解決這個問題的答案。但是，大家討論了一會兒，並沒有找到可行的方法。

這時候，我引導大家去思考一個問題：為什麼他會提出給高管降薪這個問題呢？

這位學員解釋說，他的公司快上市了，有一次接受訪談，對方問公司的願景是什麼，價值觀是什麼，戰略方向是什麼，未來要做什麼事情，誰知道他公司的五個高管的回答都不一樣。

這讓他特別惱火。這五個高管都是他花了大價錢從外面請來

的，但是業績做得都不是很好，遠遠沒有達到他的預期。加之，這五個人對公司的願景、價值觀等問題的認識，居然都沒有達成一致。所以，他決定給他們降薪，因為他覺得，他們不值現在的價錢。

在這種情況下，他才提出了這次私董會上所問的問題。

瞭解了前因後果之後，大家才知道，原來「給高管降薪」其實並不是他的問題，而是他想出來的能解決問題的答案。

我們往下深挖一層，公司業績不好、高管的認知沒有達成一致，才是他真正的問題，而給高管降薪是他認為的能解決這個問題的答案。

但是，給高管降薪，真的是解決這個問題的答案嗎？如果大家按照他的思路，幫助他解決了如何給高管降薪這個問題，那麼也許並不能給他真正的幫助，反而會給他的公司帶來更大的麻煩。

所以，他提出的其實並不是真正的問題，而是一個他試圖用來解決真正問題的答案。這種時候，盲目地順著他的思路去回答他的問題，可能反而會害了他。我們應該做的，是先去理解他為什麼會提出這個問題。

我們描述一件事情，有三個角度：

What（是什麼）；

Why（為什麼）；

How（怎麼辦）。

這是三個非常神奇的詞，很多人在表達中容易混淆它們，最後就會變成這樣的情況——我覺得我表達得很清楚，但是對方卻完全沒聽明白。

在那位學員的問題「如何給高管降薪」中，給高管降薪，是What；如何給高管降薪，是How。What，成了Why的答案；而How，成了What的答案。

在理解What和解決How之前，更重要的是，需要首先理解Why。理解了Why，才能找到他所面臨的真正問題。

重新定義這個真正的問題之後，再去找到What和How，這個Why才能被解決。否則，問題可能會越來越嚴重。

如果在描述事情的時候，能把 What、Why、How區分清楚，對一個人來說，就是一個巨大的提升。

## 雞同鴨講，只因混淆了What、Why、How

在一次私董會上，我問一位學員：「你的公司是做什麼的？」

他想了一會兒，回答說：「我們公司能夠幫助合作夥伴用最快的速度賺到更多的錢。」一句話就把公司的價值講完了，他覺得自己講得言簡意賅，非常清楚準確。

但是，我問其他學員：「你們聽明白了嗎？」大家一頭霧

水，都說沒聽明白。

為什麼呢？

因為大家想聽到的是「What」，而不是「Why」。

我問學員的問題是：「你們公司是做什麼的？」如果讓你來把這個問題歸類，它到底屬於What、Why、How中的哪一類問題？

如果是關於What的問題，則應該是問：「你們公司做的是什麼事情？」

如果是關於Why的問題，則應該是問：「你們公司為什麼做這些事情？」

而如果是關於How的問題，則應該是問：「你們公司是怎麼做這些事情的？」

顯而易見，我問他的問題是What的問題。這個時候，他只要回答他們公司具體是做什麼事的就可以了。

比如，如果這位學員的公司是做冰淇淋的，就回答說：「我們公司是做冰淇淋的。」

那麼，如果別人問你的是關於How的問題，如「你的公司是怎麼賺錢的呢」，那麼你該怎麼回答呢？你可以回答說：「我們透過分銷商，最終賣到客戶手上。」如此等等。

如果別人問你的是關於Why的問題，如「你的公司為什麼可以做得很好」，這時候，你再來告訴對方，你們公司的價值是什

麼，你們用的原料比別人好等等。

而那位學員回答說「我們公司能夠幫助合作夥伴用最快的速度賺到更多的錢」，這是公司的價值所在，是Why的答案。

我們問了一個關於What的問題，卻得到了一個Why的答案，所以，最終大家都沒有聽明白。

這就是這次溝通的問題所在。

我們常說的「雞同鴨講」，很多情況下，其實都是因為混淆了What、Why、How。

所以，在溝通的時候，你一定要搞清楚，對方想聽的是What、Why還是How，而你自己所表達的是What、Why還是How。只有當你所表達的和對方想聽的相匹配，你們的溝通才是有效的。

## 怎麼才能做到知行合一

理解了What、Why、How，我們再來理解一個更深入的問題：什麼叫作「知行合一」？

很多人說，聽過很多道理，卻依然過不好這一生。通俗點說就是，我什麼都知道，但我就是做不到。

領教工坊創始人肖知興教授說過，知和行之間隔著兩個太平洋。而王陽明卻說，知和行一定是合一的，如果不是，那麼說明你並不是真的知道。他們倆到底誰說的對？

在我看來，他們兩個的觀點都對，我都贊同。

到底什麼叫「真的知道」？如果讓我來定義，「真的知道」，就是你必須同時掌握What、Why、How（見圖4-1）。

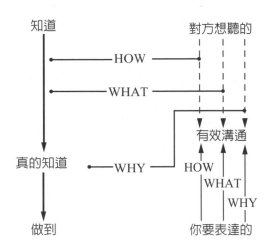

圖4-1　理解What、Why、How，才能知行合一

舉個例子。「吃蔬菜有益健康」，這是一個知識。但你知道了這個知識後，你會每天都多吃蔬菜嗎？不一定。這就是知和行的差距。

為什麼會有差距？因為你只知道了What——「吃蔬菜有益健康」，但是這並沒有解決Why的問題，這就會導致你沒有動力去做這件事。

　　假如有一個人，每天吃得很油膩，導致血管出現了栓塞，生了一場大病，不得不住院治療。康復之後，醫生告訴他，以後一定要少油少鹽，多吃蔬菜。這時候，他就會很乖地天天吃蔬菜。

　　為什麼？

　　因為生病住院這件事，給了他一個強大的理由，讓他意識到吃蔬菜對他來說有多重要。

　　所以，只知道What，卻不知道Why，就沒有動力。理解了Why，才有可能做到知行合一。

　　但知道What，也知道Why，這也不夠，你還得知道How。How，就是做事的方法和步驟。

　　你知道努力就能成功，但是應該怎麼努力呢？你知道吃蔬菜有益健康，但是怎麼吃呢？吃哪些蔬菜？怎麼配比？一次吃多少？

　　不知道How，就好比給了你一碗雞湯，卻沒有給湯勺。這也是知行無法合一的重要原因之一。

　　肖知興教授說，知和行之間隔著兩個太平洋。在我看來，這兩個「太平洋」，一個是Why，另一個是How。

　　如果只知道道理本身（What），而不知道為什麼（Why）和怎麼辦（How），我們確實過不好這一生。

　　只有當你真的把What、Why、How這「黃金三問」同時解決了，你才能真正做到王陽明所說的「知行合一」。

## 解決了Why，What和How才真正有意義

在工作中也是如此，你必須完全理解What、Why、How，才能真正解決問題。

比如，當你教員工一件事情該怎麼做的時候，可能你告訴他第一步、第二步、第三步……說了一大堆，他還是沒學會。為什麼沒學會？因為你沒有幫他解決Why的問題——「為什麼我要這麼做？」沒有解決Why的問題，他就會動力不足，沒有學習的欲望。

所以，光教怎麼做是沒有用的，在這之前，你要先解決Why的問題。

這也是為什麼在打仗時將軍一定會動員士兵，告訴他們「我們到底為什麼而戰鬥」。他也許會說：「敵人搶奪了我們的領土，殺光了我們的親人，我們要把領土奪回來，為我們的親人討回公道，正義一定會戰勝邪惡！」這就是在幫士兵解決Why的問題。否則，打起仗來，士兵們可能都是心虛的，怎麼能打勝仗呢？

同樣的道理，企業為什麼一定要有願景？

企業的願景也是在解決Why的問題——「我們今天這麼辛苦地工作，到底是為什麼？」

只有真正解決了Why的問題，員工們在遇到困難的時候，內心才會有強大的動力，堅持到底，否則很容易就會放棄。

解決Why的問題之後，What和How才真正有意義。

---

## 小提示

What、Why、How，是「黃金三問」，密不可分。沒有Why，就沒有動力，What和How也就沒有意義。沒有How，就只是雞湯，再多道理也只是體現在紙面上。

所以，要想真正瞭解一件事，只知道What是不夠的，你必須同時理解Why和How。

在溝通中也同樣，你一定要搞清楚對方想聽的是What、Why還是How，而自己所表達的是What、Why還是How。當你所表達的和對方想聽的相匹配，你們的溝通才是有效的。只有真正理解了What、Why、How，你才有可能做到「知行合一」。

願我們都能知道很多道理，也能過好自己的一生。

# 幽默，是溢出的智慧

　　值得膜拜和學習的大師很多，明茲柏格（H. Mintzberg）就是其中一位。對於明茲柏格，除了他的學術成就（比如我最喜歡的那本《戰略歷程》〔Strategy Safari〕）之外，我最為嘆服的，就是他那種「犀利的幽默」。

　　比如，在2020年出版的《寫給管理者的睡前故事》[15]這本書裡，寫到「時代變革」時，明茲柏格說：「當一位CEO坐在筆記型電腦前準備一篇發言稿，電腦會自動打出這些字，『我們生活在大變革的時代』。之所以如此，是因為在過去50年裡，幾乎每篇演講稿都以這句話開頭，這點從來沒變。」

　　讀到這一段，我會心一笑：還真是！當然，現在的科技進步了，電腦會多給你幾個選擇。比如「這是最好的時代，也是最壞的時代」，或者「有一個你永遠打不敗的對手，就是這個時代」，等等。我有點羨慕，他是怎麼想到「電腦自動打字」這個梗的？這個表述太生動了。

　　再比如，寫到「思考先行」時，明茲柏格說：「想想你一生中最重要的決定——尋找伴侶，你是思考先行的嗎？①列出你希

---

15　繁體版為《明茲柏格給主管的睡前故事》（Bedtime Stories for Managers），大是出版。

望未來伴侶擁有的一些品質，如聰明、漂亮、羞澀；②列出所有的可能人選；③然後進行分析，根據上述標準給每位元候選人打分；④最後你把分數加起來，看誰勝出，並告知這位幸運的女士。可是，她告訴你，『在你忙活這些的時候，我結婚了，現在已經有幾個孩子了』。」

讀到這一段，我笑出了聲。

我甚至有些嫉妒——這就是智慧。以明茲柏格的智慧，寫這些話題，舉重若輕，遊刃有餘，滿到溢出，而那些溢出來的智慧，就變成了幽默。

## 幽默的三種理論

到底什麼是幽默？

關於幽默，學術界已經有了不少研究。但是，至今沒有讓所有人信服的解釋。

主流的理論，大概有三種。

**第一種是優越感理論。**

簡單來說，就是我透過創造一個失敗者，讓你感覺自己就是成功者，從而產生心滿意足的優越感。

比如你說：「潤總，最近你的文章水準越來越差了，怎麼回事？」

我可以把你懟回去：「你哪隻眼睛看到我的水準變差了？」

但這樣做的前提是，我打得過你，如果打不過你，這不是一個好的回覆。

我也可以回覆：「那可不是一般的差。我昨天讀自己的文章吐了三回，今天吐了兩回。」

這時，你可能會會心一笑，心想：他還挺幽默的。這個尷尬的對話，就化解了。

請注意，為什麼你會笑：因為我把自己描述成一個離譜的失敗者，讓你有了優越感。

**第二種是錯愕感理論。**

簡單來說，就是在兩條邏輯線交叉的地方突然來一個「腦筋急轉彎」。

比如你說：「潤總，我如何才能在一個月內擁有1000萬元？」

我可以回覆：「你癡心妄想，醒醒吧，放棄不勞而獲的美夢吧。」

但這麼說的前提，還是我要打得過你。不然你惱羞成怒起來，我會很慘。

我也可以回覆：「這很簡單，你只要閉著眼睛隨機買100檔股票就行了。別問投資經理，他們沒用。這樣，不需要一個月，你的1億元資產就可以變成1000萬元了。」

這就是兩條邏輯線交叉，一條是從0到1000萬元，一條是從1

億元到1000萬元。你說著說著，突然轉彎，讓他產生了一種出其不意的錯愕感，以及隨之而至的驚喜感。

**第三種是釋放感理論。**

簡單來說，就是用「危險」給你製造緊張感，再用「安全」釋放掉它。

比如你說：「你覺得我的公司還有救嗎？」

我可以回覆：「瞎操心啥？你的公司好著呢。專注於產品和員工，做你自己能改變的事情。」

這麼說，就太平淡無奇了。

我還可以回覆說：「這很難說，你的公司現在非常危險。你必須立刻做出改變，否則你的公司一定活不過3個月。我剛才注意到，你公司的營業執照還有3個月過期。趕快去延長，不然公司就要關門了。」

這就是先用「危險」製造緊張感，然後用「安全」將其釋放。

這三種關於幽默的理論，你覺得哪一種才是真正的起源呢？

我不知道。也許都是呢。

但是，這三種對於幽默的研究，都是從「效用機制」的角度進行的研究，而不是從「能力來源」的角度進行的研究。

什麼意思？

## 幽默，是舉重若輕

不管你要給人製造的是「優越感」、「錯愕感」還是「釋放感」，都需要一種稀缺的能力，甚至是天賦，那就是智慧。

我看過一檔綜藝節目，挺有感慨。這檔綜藝節目邀請了一位曾經無人不知的小品（短劇）演員，當時這位演員已經60歲了，你從她的身上，能看到優雅、慈祥、美好，但是再也看不到那種幽默感了。她對在場的其他喜劇演員慈祥地說：「我60歲了，我枯竭了。這也是為什麼我再也不出來演小品了。我退休了。你們也都會有這一天。我希望你們能珍惜今天的才華。」

我當時特別感動，感動於她的真誠，感動於她對歲數帶來的才華枯竭的淡定。

那什麼是才華枯竭？就是你的大腦已經無法勾畫出一個活靈活現的、得體的失敗者的畫面了，無法同時處理兩條、三條甚至更多條邏輯線然後急轉彎了，無法在面對令人頭大的問題時還有多餘的精力來製造緊張感再釋放了。

看到這個片段時，我感覺到才華乃至智慧是多麼寶貴的財富。

只有當你的智慧多到溢出時，才有幽默感。幽默，是溢出的智慧。

所以，我在選擇讀某個人的書，或者聽某個人的演講時，有一個不太「科學」的標準，就是看這個人的表達有沒有幽默感。

　　因為，只有他對他所談論的話題舉重若輕，動用20%的
「CPU」就能給你講清楚時，他才有餘力「炫耀」他的幽默感
（見圖4-2）。

　　當一個人的表達格外緊繃的時候，你能體會到他已經把
「CPU」用到了120%，但你還是不明白他在說什麼，那這個人
對他所談論的話題的駕馭能力，可能遠低於他對自己的評估。

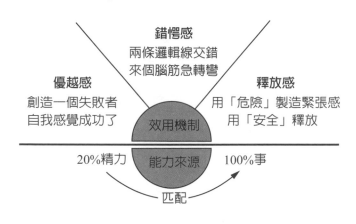

圖4-2　幽默，是溢出的智慧

　　我用這個標準，也看了看我自己寫的東西——我只是一個勤
奮的思考者，我的智慧，還裝不滿一個罐子。在討論芝麻大小的
事情時，我充滿了幽默感，可是討論到一個柳丁那麼大的事情
時，我就只剩邏輯了，討論到西瓜那麼大的事情時，我常常費盡
全身力氣，一直緊繃著。

　　這時，你才能體會到，當81歲的明茲柏格出版了一本充滿了「犀利的幽默感」的《寫給管理者的睡前故事》時，我是多麼羨慕和嫉妒。

## 小提示

　　關於幽默，學術界主流的理論大概有三種：優越感理論、錯愕感理論和釋放感理論。

　　不管你要給人製造的是「優越感」、「錯愕感」還是「釋放感」，都需要一種稀缺的能力，甚至是天賦，那就是智慧。

　　只有當你的智慧多到溢出時，才有幽默感。幽默，是溢出的智慧。

# 所謂洞察本質，就是會打比方

　　作為一名商業顧問，我經常有幸遇到很多企業界的高手。一些晦澀難懂的商業理論，他們總能基於對商業世界的深刻洞察，輕描淡寫地打個比方加以解釋，讓人拍案叫絕。

## 洞察本質的人，都會打比方

　　青島啤酒前董事長金志國，就是打比方的高手。

　　我曾帶領參與「問道中國」專案的企業家們在青島啤酒調研，期間，我們有幸請金志國老師進行了分享。很多同學聽後都表示如醍醐灌頂，甚至有同學表示受到了極大的震撼。

　　比如，有同學問金老師如何招人、如何用人的問題。如果在商學院，這是一門關於人才「選育用留」的管理課程，很複雜，涉及很多點。單從人力資源角度來說，就可以劃分為規劃體系、招聘體系、用人體系、薪酬體系、激勵體系、培訓體系和留人體系等等。

　　可金老師是如何回答的？他說：「如果你做箱子，就要找樟木；要打口棺材，就要找金絲楠木；要是做門窗，找松木就好了。」

　　同學們聽後，拍案叫絕。

在商學院，老師講的用人所長、因材施教的課，你聽起來可能會覺得枯燥、空洞。但聽金老師這樣一說，你就會覺得特別精闢。為什麼？

箱子、門窗就是你要招募的職位，如果你招的人達不到標準，就會互相不匹配。低於標準不行——拿松木做箱子，效果肯定不好；高於標準也不行——拿黃花梨做火柴，那怎麼行？反過來，用人也一樣，如果你的員工是松木，你就把他做成「門窗」好了；是樟木，你就把他做成「箱子」；是黃花梨，那一定要把他打造成「精美的傢俱」。

再比如，小公司成長為大公司要經歷三個階段，也就是我們通常說的「企業生命週期」。對此，金老師是如何打比方的呢？

他說，創業初期，你的公司就是草本植物，生命力頑強，給點陽光就燦爛。公司依靠什麼？靠創始人，其他員工都是助手。度過了創業期，你的公司就成了灌木，比草高大，發展良好。這時，公司還能只依靠創始人嗎？不能了，要靠團隊。那公司再發展壯大呢？這時，公司就是喬木，是參天大樹了。到了這一時期，公司再也不能靠創始人、靠團隊了，而是要靠系統（見圖4-3）。

金老師把「企業生命週期」用植物做了一個形象的比喻，就讓我們對企業的不同階段有了一個清晰的理解，並知道了企業在不同階段應該依靠什麼、做什麼。金老師信手拈來打比方的例子還有很多。

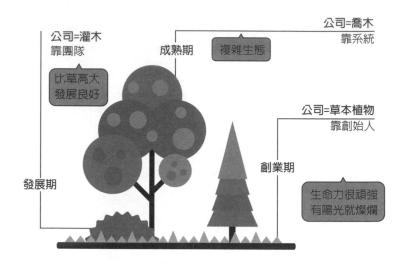

圖4-3　企業生命週期

比如，很多企業家對企業治理的一些概念不太理解，比如系統結構、戰略、市場、產品、品牌等。

金老師說：「企業就像一棵大樹，樹根就是系統結構，樹幹就是戰略，樹冠就是市場，果實就是產品，葉子就是品牌。」如圖4-4所示。

為什麼樹根是系統結構？樹根從土壤中汲取養分，是這棵大樹的基礎保障，而系統結構也是一家公司的基礎，結構不對，一切都不對。所以，樹根是系統結構。

為什麼樹幹是戰略？樹幹把養分輸送給樹枝、樹葉，樹枝、樹葉直接或間接地依附在樹幹上。草、灌木沒有樹幹，那是因為那時候公司還小，沒有戰略是最好的戰略。但當一家企業成長為大樹，變成了喬木，戰略就變得非常重要，它將為公司指明方向。所以，樹幹是戰略。

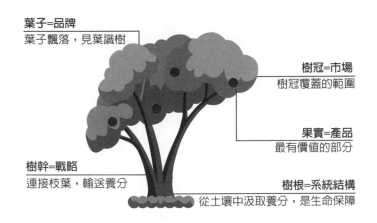

圖4-4　系統結構、戰略、市場、產品與品牌

為什麼樹冠是市場？你的樹冠能覆蓋多大的範圍，就代表你的市場規模有多大。所以，樹冠是市場。

為什麼果實是產品？你想把你的產品賣給使用者，那麼它一定是你最好的東西，是對用戶有價值的東西，而一棵樹最有價值的部分就是果實，它有營養。所以，果實是產品。

為什麼葉子是品牌？葉子非常多，很輕，還會經常散落，能飄很遠。別人可能沒看到你這棵大樹，但是，看到葉子就知道了你是棵什麼樹，結什麼果。所以，葉子是品牌。

金老帥的比喻，把企業治理的一系列概念說得活靈活現，一下子就讓學員們對系統結構、戰略、市場、產品、品牌有了更清晰、更深刻的理解。

所以說，洞察本質的高手，都是打比方的高手。

## 如何打好一個比方

你可能會問：為什麼洞察本質的高手，都會打比方？我們該如何掌握這種能力？

「打比方」的能力，本質上是一個人洞察事物本質的能力。

打好一個比方，要經過三個步驟：

第一步，洞察複雜、陌生事物的本質；

第二步，匹配到大家熟悉的事物；

第三步，用熟悉的解釋陌生的。

可見，要想打好一個比方，你需要對兩種事物都能洞悉本質，你不僅要知道這個陌生、複雜的事物的本質是什麼，還要知道身邊最熟悉的事物的本質是什麼。

金志國老師超強的洞察事物本質的能力，以及多年的青島啤酒公司管理經驗，讓他對企業治理、管理的本質洞若觀火，所以

他才能把這些複雜、晦澀難懂的概念，用非常通俗易懂的比方，遊刃有餘地解釋清楚。

除了金志國老師，我遇到的其他有洞察力的人，也都是打比方的高手。比如，小米集團的聯合創始人劉德。

小米的智慧家居有很多設備，比如電視機、路由器、門禁、電飯煲（電鍋）、掃地機器人、空氣淨化器等，它們都可以用一個統一的App來控制。這個App就相當於所有小米家居產品的遙控器。

於是，這個遙控器就變成了一個非常大的入口。這個入口到底可以創造什麼價值呢？它會提示你家居產品的現狀，你還可以直接在上面購買耗材。

比如你家空氣淨化器的濾芯需要更換了，或者掃地機器人的刷子需要更換了，它會即時提醒你，你可以直接在App上一鍵購買。如果將來有了小米智慧冰箱，可能它還可以幫你訂雞蛋、訂牛奶等。一個遙控器，就可以帶來很多購買行為。

這個我花了200多字講清楚的概念，劉德用5個字就講清楚了——「遙控器電商」。你是不是一下子就明白了這個管控所有小米設備的入口的價值，並且還感覺特別透徹和形象？他深刻洞察了這件事情的本質，然後聯繫到人們耳熟能詳的某個東西上，讓你更好、更快地理解。這是一種非常強大的能力。

在小米的生態鏈中，有很多既不「高科技」也不「智慧」的

產品，它們沒有感測器、沒有軟體，有一些甚至就是日用品，比如毛巾、床墊等。對此，很多人疑惑不已：小米不是要做「科技界的無印良品」嗎？怎麼真的做起無印良品的產品來了？說好的「科技」呢？

劉德說，這類生意對小米來說，是「烤紅薯生意」。

小米發展到2017年，已經有5億多用戶了，其中4億多是活躍用戶。他們除了需要小米手機、充電寶、手環等科技產品之外，也需要毛巾、床墊等高品質的日用品。與其讓這些流量白白流失，不如把這些流量轉化成營業額。就像一個火熱的爐子，它的熱氣散就散了，不如借助餘熱順便來烤一些紅薯。

這就是「烤紅薯生意」。短短5個字，就把這個事情概括了，通俗易懂而又透徹傳神。

至於到底烤哪些「紅薯」呢？劉德又有一個比方，叫「生活耗材」。

你會發現小米的日用品，尤其是服裝類，卻是一些標準化、差別小的產品，比如毛巾、襪子、T恤等，沒有差別比較大的產品，比如時尚服裝、童裝等。這是為什麼？

劉德說：「我理解的服裝類產品，分為生活配飾和生活耗材。配飾是生活的裝飾品，它是為了適應不同場合，追求的是差異化，而耗材是標準化的，就像印表機的墨水匣，一次可以買一打，追求的是實用性和品質。襪子、毛巾之類的產品，就是服裝

類產品裡面的耗材，這個市場的需求正在增長。比如，美國人平均每年用12條毛巾，而中國人平均每年用1~2條，14億人可能會出現140億條毛巾的年增量。既然存在這樣巨大的市場，這個行業是完全可能出現一個巨頭的。所以，小米瞄準了生活耗材的市場。」

「生活耗材」4個字，就把這件事清楚地講明白了。

「遙控器電商」、「烤紅薯生意」、「生活耗材」，劉德用這幾個比方，簡單、透徹又鮮活地講清楚了小米的幾個商業邏輯，讓我深深嘆服。再比如，我經常拜訪學習的峰瑞資本創始合夥人李豐。

近年來直播帶貨很火，不但我們熟悉的專業主播直播帶貨熱度不減，就連網路第一代網紅老羅以及很多CEO也紛紛開始直播帶貨，更別提娛樂明星了。

關於直播帶貨，李豐有個比方，他說直播帶貨就是「有聲有色的聚划算[16]」。

你聽完之後想必也會連連讚嘆：原來直播帶貨就是這樣啊！

這說明李豐已經看透了直播帶貨的本質，然後用一兩個我們熟悉的詞講出來，讓你一下子就覺得清楚明瞭。所以，要想打好比方，最重要的能力就是洞察事物本質的能力。

---

16 「聚划算」是阿里巴巴集團旗下的一個團購網站。

因為只有挖掘出事物的本質之後，你才能聯繫到一系列大家熟知的事物，打出精妙的比方，四兩撥千斤地講清楚背後的邏輯。

---

### 小提示

解決一個問題的辦法有1000種，但最有效的一定是洞察本質的那一個。

如何打好比方，需要三步：

第一步，洞察複雜、陌生事物的本質；

第二步，匹配到大家熟悉的事物；

第三步，用熟悉的解釋陌生的。

打比方這個能力，是一種非常高級的能力。因為會打比方，說明你能同時理解兩種事物（複雜、陌生的事物和熟悉的事物）的本質。只有這樣，你打的比方才能讓人拍案叫絕。

---

# 邊界感的本質，是對所有權的認知

在與人交往時，總有一些人會讓你感覺如沐春風，交往起來非常輕鬆。但也總有一些人，常常會給你壓力，讓你忍不住皺起眉頭。

他們經常會問一些讓你無法回答的問題，比如「你每個月賺多少錢啊」，或者提一些你沒有辦法答應的要求，比如「你幫我做一下這件事唄！不幫，你就不夠朋友」⋯⋯我們都不喜歡跟這樣的人交往。

他們的問題主要出在哪裡呢？

你不能直接定性說這樣的人很自私，人品很差，不是好人。他們做出這樣的行為，大概並沒有什麼惡意，只是因為他們太沒有邊界感了。

## 什麼是邊界感

什麼叫作邊界感？

你和一個朋友面對面聊天，你會發現，你們之間總會保持著一個心理安全距離。一旦你走近一點，稍微越過邊界，對方就會本能地往後退。這就是邊界感使然。

邊界感的本質，是對所有權的認知。你要知道，什麼是你

的，什麼是他的。你在你的範圍內做事，他也在他的範圍內做事，如果要跨越邊界，就需要先徵求對方的同意（見圖4-5）。

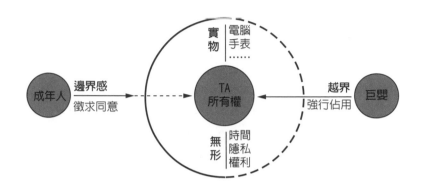

圖4-5　邊界感的本質是對所有權的認知

　　就像兩個國家，中間有一條邊界，你想跨越邊界去別的國家採果子，需要先徵求對方的同意。你不能看見別人那裡有果子，覺得不採浪費，就直接過去採了。

　　擁有邊界感的核心要求，首先是你要識別什麼是邊界，其次是你懂不懂「要在邊界內做事，越界需要先徵得對方同意」這個基本禮儀。

　　嬰兒是沒有邊界感的。在他出生時，他認為他和媽媽是一體的，他不清楚什麼是「我的」，什麼是「別人的」。等他慢慢長大一些，他才會漸漸認識到，原來自己和媽媽是兩個不同的個

體。這個時候，他的邊界感才會逐漸形成。

武志紅老師打過一個比方，他說，有些人雖然長大了，但心理上還是一個嬰兒，這樣的人就叫作「巨嬰」。他分不清楚什麼是自己的，什麼是別人的。因為在他小時候，他的媽媽沒有讓他認識到什麼是清晰的邊界。比如，媽媽正在喝一杯飲料，兒子看到之後，直接拿過來就喝掉了。這個時候，有的媽媽可能不會說什麼，覺得這很正常，覺得自己的就是兒子的。

但如果是在一些所有權意識比較強的家庭，這樣的事情就不會經常發生。通常，孩子都會先問一下媽媽：「這杯飲料我可以喝嗎？」得到媽媽的同意後，他才會把飲料喝掉。當他問這句話的時候，他的心裡是有邊界感的。他知道雖然自己跟媽媽很親密，他想喝媽媽也一定會讓他喝，但還是要先徵求媽媽的同意，因為這是媽媽的飲料。

如果一個人在小的時候沒有形成這種意識，長大之後，他就會因為缺乏邊界感，在生活、工作中四處碰壁。

## 關係再好，也不能越界

比如，在公司中，明白如何和上級、員工打交道，知道什麼樣的決定應該由誰來做，這就是一種邊界感。

一個有邊界感的人，會知道有些決定應該由上級來做，有些決定應該由員工來做。如果要跨越邊界，就需要先徵得對方的同

意。然而，有些老闆在管理員工的時候卻意識不到這個問題。

舉個例子。假如有一位老闆，他的公司正處於飛速發展階段。然而，有一天，他的一位非常得力的下屬卻突然決定要辭職。

老闆問他：「你做得這麼好，為什麼要辭職呢？」

下屬回答：「因為我的太太想要離開這個城市。雖然我也很想留下來，但是我還是決定跟我太太一起走。」

這位老闆就說：「那你就離婚唄，事業比家庭重要多了，你留下來前途無量啊！為了家庭而放棄這麼好的前途，太可惜了。」

你看，這個時候，這位老闆就越界了。

他沒有意識到離不離婚應該由別人來決定，跟公司沒有關係。他說的這番越界的話，只會讓別人陷入很尷尬的局面。

人際交往中，我們也經常會遇到這樣的情況。假如你在一個會議上認識了一位新朋友，起初，大家都很有禮貌，互相介紹自己的公司、職業，互相交換名片。聊著聊著，對方突然問你：「你一個月掙多少錢啊？」這個時候，你一定不想搭理他了，因為他越界了。

有的人甚至會繼續跟你說：「我一個月賺3萬塊，你呢？你一個月掙多少錢？我告訴你了，你也告訴我吧。」這就更不禮貌了。一個月賺多少錢，這屬於個人隱私。隱私的所有權屬於自

己，別人不應該主動詢問。如果你主動告訴別人自己一個月賺3萬塊，這說明你願意把自己的所有權分享給別人，但這並不意味著別人一定要跟你交換。

有的時候，你可能還會遇到這樣的情況：朋友在微信上問你一些問題，如果你正好不忙，他的問題也比較簡單，你就順口回答了。但有的時候你特別忙，可能就不會及時回覆他。他立刻打電話找你：「我看你沒回，我就打個電話問問你。」這時候，你可能說：「我現在不方便接電話，有什麼問題你先微信留言，我方便的時候再回你。」這本來是很正常的情況，但是對方卻惱羞成怒：「你太不把我當朋友了！我一直認為你是特別好的人，看來我看錯人了！」

這也是典型的缺乏邊界感。

別人的時間的所有權屬於誰？屬於他自己，你並沒有權利佔用。你一旦要佔用別人的時間，就需要經過對方的同意。強行佔用，就屬於越界。

## 守住邊界

大家一般都分得清楚物品的所有權，比如每個人都很清楚這塊手錶是你的、那台電腦是我的。但是，時間、隱私、權利……這些無形東西的所有權，很多人卻分不清楚。

舉個例子。公司開會，討論一件事情應該怎麼做，大家各抒

己見，爭得面紅耳赤。討論完之後，老闆拍板說：「我們最終決定這樣做。」這時候，一位持反對意見的員工站起來了，說：「我不同意，真的不應該這樣做，這樣做是錯的……」

這位員工就越界了，為什麼？

因為發表建議是員工的權利，但是，做決定是老闆的權利。大家要分清楚各自都有什麼權利，也就是要有邊界感。你可以參與討論，發表建議，但是如果老闆最終沒有採納你的建議，你也要接受。

這時候，你的正確做法是什麼？你可以保留自己的看法，可以不同意老闆的決定，可以不被老闆說服，這是你的權利。但是，你要執行老闆的命令，因為這是你的工作職責。

討論的時候你可以充分發表意見，但是一旦老闆做了決定，你就要堅決執行。這就是邊界感。

和別人溝通交流的時候也是如此。表達的權利是你的，接受的權利是對方的。你說的觀點，對方可以不信，可以不同意，也可以不接受，但是你有表達的權利。對方不能因為他覺得你說得不對，就不讓你開口。同樣，你也不能因為對方不同意你的觀點，就想盡辦法強迫對方必須接受。這就是邊界感。

寫文章也是如此。我有表達的權利，我可以在文章中表達我的觀點，但是我沒有讓你接受的權利。所以我就不能說「你必須怎麼做，如果你不這麼做，就會怎麼樣」。如果我這樣說了，就

是一種越界。我只能說，對於這件事我是這麼看的，如果是我，我會怎麼做，希望能對你有點幫助。這時候，接不接受的權利依然在你手上。這就是邊界感。

## 小提示

邊界感的本質，是對所有權的認知。你要知道，什麼是你的，什麼是他的。你在你的範圍內做事，他在他的範圍內做事，如果要跨越邊界，就需要先徵求對方的同意。

大家一般都分得清楚物品的所有權，但是，時間、隱私、權利……這些無形東西的所有權，很多人卻分不清楚。

不管是在生活還是工作中，邊界感都非常重要。很多讓人不舒服的舉動，通常都是因為對方越了界。所以，我們要時刻訓練自己的邊界感，注意不要侵犯別人的邊界。這是一個成年人應有的基本修養。

否則，沒有邊界感的人，即便長大了，也會是一個不受歡迎的「巨嬰」。

# 每個創業者背後，
# 都有大量多巴胺的支撐

　　仇子龍老師是中國科學院神經科學研究所高級研究員、博士
生導師，他的基因科學課程令許多人受益匪淺，其中也包括我。

　　許多人對神經科學感到陌生，但其實它與我們的生活緊密相
連，例如多巴胺（dopamine）支撐著每個有目標的人不斷攀登；
內啡肽使我們在運動中獲得愉悅感；血清素能讓人感到單純快
樂，減少抑鬱。

　　我曾嘗試尋找商業和神經科學領域的結合點，透過與仇子龍
老師的一次對談，我找到了一些答案。

## 行動催化劑：多巴胺

　　在對談中，我先和仇子龍老師講了我們商學院的一個經典案
例。

　　你想去商場買一個電鑽，但其實你的真實需求是打個孔——
因為要打孔，所以買電鑽。我們順著這個思路繼續往下深究就會
發現，打孔是為了把照片掛在牆上，而掛照片是為了回憶美好時
光。到最後，你會發現，最深層的需求其實是美好時光帶來的多
巴胺分泌。

　　你看，買電鑽的需求背後竟然是多巴胺分泌。從這個角度來說，所謂的「滿足用戶需求」，已經涉及神經科學層面了。

　　於是，我向仇子龍老師提出了第一個問題：「從您的專業角度來看，多巴胺是什麼？有什麼作用機制？」

　　仇子龍老師告訴我，多巴胺是人在確定動機後，支持著他不斷攀登、享受過程、完成目標的化學物質。

　　舉個例子。一個創業者非常熱愛一項事業，想把一家公司做上市，這是他的明確動機，因此這時他腦中的多巴胺是最多的。

　　但創業的過程很艱辛，遇到了很多困難：沒時間陪家人，為公司各種事發愁等等，所以，他在創業時是不開心的。但多巴胺的分泌使他產生了一種特殊的滿足感，因此他覺得自己很享受創業過程。

　　而一旦把公司做上市了，他腦中的多巴胺就沒了，這個目標達成後，他就需要重新尋找更高的目標。

　　所以，多巴胺對人是很重要的，它讓我們在有動機去做一些事情時，可以享受這個過程。我們的人生需要不停地攀登，而多巴胺是支撐著我們攀上去的重要物質。

　　但需要注意的是，一旦動機的方向不對，多巴胺系統就可能會被控制或「劫持」。比如打遊戲，這種行為有一個很明確的特點——有很強的動機性。一個癡迷遊戲的人要透過不停打遊戲獲得開心、滿足的感覺。這時，他們的多巴胺系統就是被劫持的。

很多人誤以為是多巴胺給人帶來了快樂，但其實多巴胺與快
樂無關。

## 快樂源泉：內啡肽、血清素

那麼，什麼化學物質才和快樂相關呢？內啡肽（endor-
phin）。

我們的大腦裡會分泌一些內源的、類似嗎啡的物質，也就是
內啡肽。它能刺激我們的大腦，讓我們覺得很開心。

內啡肽很有特點，它和多巴胺不同，不需要有很強的動機。
比如日常吃辣就可以刺激大腦產生內啡肽，只不過這種刺激性相
對較弱。跑步也能讓大腦產生內啡肽，但得持續跑很長時間。在
跑步的過程中你能感覺到，大腦在運動時能得到比較溫和的刺
激，其作用物就是使我們開心的內啡肽。

能使我們快樂的還有另一種化學物質 —— 血清素（sero-
tonin）。很多人可能不知道血清素，但它是一種非常重要的化學
物質。最好的控制抑鬱症的藥，就是刺激血清素釋放的，或者說
是增強血清素功能的。

仇子龍老師告訴我，清華大學的羅敏敏教授在做一些很有趣
的工作——設計釋放小鼠的血清素。他發現直接刺激小鼠的血清
素，能讓小鼠獲得非常單純的快樂。

怎樣才是單純的快樂？比如讓小鼠跑一會兒後再給它喝點糖

水，喝完後它馬上就興奮了，然後開始分泌血清素。喝糖水就是一種刺激，對小鼠進行不斷的刺激以後，它就會獲得單純的快樂。這和多巴胺又不一樣，刺激多巴胺分泌的時候，一個人是不會表現出情緒上的快樂的，但刺激血清素分泌的時候他卻會獲得單純的快樂。血清素，是讓我們單純快樂的一種化學物質。

你可能會疑惑：為什麼吃糖就會開心？因為糖是一種能量的來源。過去吃不飽飯，大家就拚命吃糖，不喜歡吃糖的人積累不了能量，自然而然就被淘汰了。喜歡吃糖的人會產生愉悅感，因此活下來了，這是一種古老的機制。

但在今天這個時代，我們不需要靠吃糖來儲存能量了，所以現在吃糖都是為了獲得快樂，因為吃糖就會快樂的這個機制已經形成了。

基因希望人們不斷去吃糖，所以給了人們一個獎勵機制——吃糖就會快樂。這樣就產生了一個東西，我們可以把它想像成一張「獎勵機制表」。「獎勵機制表」明確地表明瞭做什麼事會得到相應的獎勵，獎勵也許是多巴胺、內啡肽，或者是血清素。

仇子龍老師說，獲得快樂有三種方法。一種是透過目的性很強的多巴胺，去找事情做，比如完成艱難的工作；一種是透過長時間持續鍛鍊去刺激分泌內啡肽；還有一種是刺激分泌能讓大腦覺得單純快樂的血清素。這三種不同的化學物質，可以用不同的方式讓人們快樂。

## 神經科學＝認知科學？

看到這裡，相信你對神經科學已經有了一定的瞭解，但你懂得如何分辨嗎？畢竟有人還曾將它和認知科學混淆。

我也是個門外漢，但遇到不懂的事情，我會向專業人士請教：神經科學和認知科學有什麼區別？

仇子龍老師說，神經科學和認知科學都是研究大腦的，只是研究的方向不同。

認知科學家往往從宏觀的角度研究人的大腦，比如大腦在做認知抉擇與判斷的時候，哪個腦區會出現變化。

神經科學家則從底層的基因方面入手，去研究大腦的一些功能。

聽完後，我對這兩者的區別有了大概的瞭解：認知科學就像神農嘗百草，不斷測試，摸索經驗，最終總結出結論。而神經科學則是從基因、原理級的角度去進行思考和研究的。

## 從基因腦科學看商業世界

仇子龍老師用通俗易懂的案例講解了看似複雜的多巴胺、內啡肽、血清素，這令我十分佩服。我嘗試著將這些概念和商業串聯起來，發現商業中也存在一張「獎勵機制表」（見圖4-6）。

比如遊戲公司解碼了這張表，就會知道原來做這件事就能使玩家開心。於是，遊戲公司把遊戲設置為走兩步就有一個寶箱，

馬上就能打個小怪，就能得多少分。看似它是在不斷給你即時滿足，但其實是在解碼，就是利用這套獎勵系統，用另外一種方式刺激你的化學物質分泌，令你產生快樂、愉悅、滿足感，然後去買它的東西。

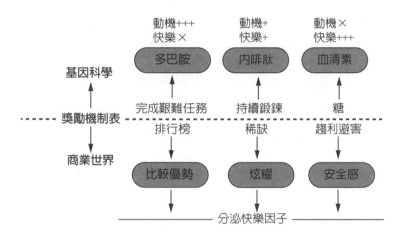

圖4-6　獎勵機制表

過去有一些商家會憑經驗去解碼。比如某些產品賣完以後，商家會分析哪個顏色和款式賣得好，用戶喜歡怎樣搭配。而到了現在，商家們不再只憑經驗，而是會去研究不同顏色的搭配會在消費者的大腦中引起什麼樣的反應。

在道德和法律允許的情況下，商家們該怎樣用好「獎勵機制表」呢？答案很簡單，就是要研究清楚這套機制，然後用「獎勵

機制表」刺激快樂因數分泌。

舉個例子。過去，人們為了生存要獲得「比較優勢」，也就是說，必須比自己的競爭對手更有優勢。一旦獲得比較優勢之後，大腦就會分泌一些快樂因數（目前還沒有科學依據，但也許有一種機制就是獲得比較優勢）。所以，現在遊戲裡有排行榜，學校裡有成績排名，連微信裡都出現了步數排行榜。

一旦做出比較機制，也就有了比較優勢。就像你今天走的步數不如其他朋友多了，你就會想再多走一會兒，如果步數達到前三名，你就會很開心。

在沒有「獎勵機制表」之前，你的快樂來自走路本身；在有了這張表之後，你的快樂就有一部分來自獲得比較優勢。

## 商業家該如何運用「獎勵機制表」

如今，我們做產品，要懂得運用「獎勵機制表」，讓客戶獲得更大的快樂。比如，電腦一開機，就顯示你的開機速度戰勝了85.4%的全國用戶，你當時就能獲得一點點快樂。從神經科學的角度來說，這就是因為獎勵機制裡的某些物質產生了作用。

再比如，獲得安全感的快樂，也許不是來源於多巴胺，而是來源於內啡肽、血清素。因為這是被人類社會忽略的一種本能行為。

仇子龍老師說，所有的行為都可以分為本能行為和習得行

為。習得行為就是我們上學後學到的那些行為，而本能行為則是趨利避害的行為。為什麼避害？因為如果不避天敵，我們就要死掉了。那麼，為什麼趨利？因為趨利能讓我們得到利益，同時還會讓我們的大腦得到愉悅的滿足。

這些趨利避害的本能行為，我認為就是解開現代社會商業密碼的重要一步。在商業的「獎勵機制表」中，讓用戶更快樂的因素有比較優勢、安全感，還有炫耀。比如商業世界中的炫耀，有人喜歡買LV的包，因為它不但好看、品質好，更重要的一點是，它是LV的，LV的標識大大地印在外面。

你說這樣的人是在炫耀，他們一定不高興。但作為一個從事商業的人，你要明白他們就是透過這種本能行為的反應，來滿足自己的炫耀心理。「裝」是一種美的剛需。激發別人把炫耀的本能發揮出來，會使你有機會獲得商業成功。

從我與仇子龍老師的對談中，我瞭解了多巴胺和動機有關，內啡肽、血清素和快樂有關。而這些的背後，是一張「獎勵機制表」。這張表告訴我們，做什麼事情，就會獲得什麼化學物質的獎勵。商業中也有這樣的獎勵機制，許多商家從「獎勵機制表」中看到用戶的需求，運用「獎勵機制表」讓用戶獲得更多快樂。

# PART5.
## 社會協作的底層邏輯

# 世界三大法則：
# 自然法則、族群法則、普遍法則

　　有同學問我：「怎樣像一個成年人一樣和世界打交道？」因為他常遇到「巨嬰」和「槓精[17]」，很難理解他們，協作也很困難，有時甚至吵得不可開交。總的來說，這類人非常不成熟、不專業。

　　我忍不住回覆他：發生這樣的事情，是因為我們在不同的法則裡和對方交流。

　　這個世界上，有三大法則：自然法則、族群法則、普遍法則（見圖5-1）。成年人懂得如何用這些法則來和對方協作，並且保護自己。

## 自然法則

　　什麼是自然法則？物競天擇，適者生存。或者說，弱肉強食。

　　如果有一個人衝進你的山洞，要搶走你所有的食物，請問你要怎麼辦？你只有一個辦法——掄起火把，抄起木棒，把那個人打出去。

---

17　指愛抬槓，為反對而反對的人。

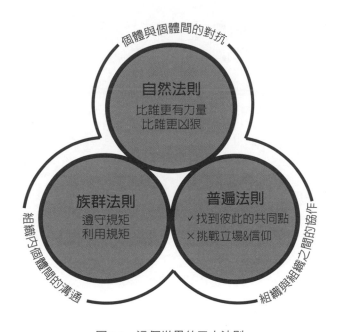

圖5-1　這個世界的三大法則

　　你沒辦法和他講道理，沒辦法說「我們簽過和平協定」、「這是不對的」，也沒辦法說「這次你放過我，下次我也放過你」……這些都是沒有意義的。

　　他馬上要餓死了，你也要餓死了，在這種情況下，唯一的辦法就是比誰的塊頭更大，比誰更有力量，比誰更兇狠。

　　這，就是自然法則。

　　在自然法則下，想要生存，個體的優勢非常重要。

　　個體的優勢，主要有兩種：一種是「暴力」，一種是「狡

詐」。或者換個稍微好聽一點的說法，一種是「強壯」，一種是「智慧」。要嘛在他衝進洞口時直接把他打跑，要嘛在洞口給他設陷阱、布圈套，讓他沒法闖進來。

自然法則，能夠很好地保護我們的個人利益。

如果你遇見一個野蠻人，他毫不講理，我建議你用自然法則。

## 族群法則

但是，自然法則也有問題——容易讓人與人之間產生極度的不信任，很難協作。

於是，族群法則就產生了。

什麼是族群法則？

族，就是有同一血緣的人；群，就是有同一目的的人。

族，是為了能夠生存延續；群，是為了能夠實現目標。

因為有一個大於個體目標的目標存在，所以大家聚在一起，形成了族群。家庭是一個族群，公司是一個族群，宗教是一個族群，國家也是一個族群。

因為這個大於個體目標的目標，大家必須出讓一部分自己的選擇權和決策權給集體。這時定義出來的新的法則，就是族群法則。

比如兄弟結拜，歃血為盟。大碗喝酒，大塊吃肉；成套穿衣服，論秤分金銀；有福同享，有難同當。如果有人欺負兄弟你，

我為你挺身而出，兩肋插刀，但如果有人背叛兄弟我，不好意思，我也會刀插兩肋。這是兄弟的規矩和法則。

比如在企業裡，業績第一，結果說話。創造價值，分享利益；一起成長，相伴前行。如果他成長得太快，你應該高興地看著他離你而去，因為沒有人會跟隨你一輩子。如果他成長得太慢，你應該拍拍他的肩，然後轉身離去，和跟得上腳步的人一起前進，沒有人該跟隨你一輩子。走的歡送，來的歡迎。這是企業的規矩和法則。

比如國家，熱愛祖國，遵紀守法。政府提供公共服務，你履行責任和義務。如果不聽，政府把你抓起來，依法懲處。這是國家的規矩和法則。

為了那個更大的目標，大家犧牲了一部分個人的利益，用群體的強大，保護個體的弱小。那些訂立的規矩，就是族群法則。

如果在一個組織裡，我建議你用族群法則，遵守規矩，利用規矩。

## 普遍法則

但是，族群法則也有問題——族群內和睦融洽，族群間爭吵衝突。

於是，普遍法則產生了。

什麼是普遍法則？就是可以跨越個人和組織、所有人都理解

和認同的東西。

2016年，我去過一次以色列。耶路撒冷這個「三教聖地」（猶太教、基督教、伊斯蘭教），用三千年的時間，獲得了一項吉尼斯世界紀錄——世界上被征服次數最多的城市。每個宗教，都認為自己才是耶路撒冷的主人。這座充滿悲情的城市，被征服了44次，其中22次被毀，23次在廢墟中重建。

在耶路撒冷，我深深感受到自己的無力和渺小，因為個體的智慧無法解開長達千年的死結。對於有三千年歷史的耶路撒冷，有些東西可能是無解的。

但是，我也深深感受到一種驚奇：有些時候，大家竟然也能放下殺戮、相安無事。族群之間依然在協作，依然在貿易和經商。

為什麼？

因為有普遍法則。

我無法說服你，無法改變你，無法教化你，但是，你可以保留你的想法，我也可以保留我的觀點，因為一定有我們彼此都認同的東西。比如尊重生命——尊重生命的珍貴和偉大，不輕易殺人。比如契約精神——彼此承諾過的事情，要盡可能做到，不能撒謊和欺騙。這些普遍的價值觀，超越了族群的衝突，使人們形成更大範圍的信任。

如果是組織與組織之間的溝通協作，我建議你用普遍法則。找到彼此的共同點，而不是挑戰別人的立場和信仰。

## 小提示

這個世界上存在著三大法則：自然法則、族群法則、普遍法則。從自然法則到族群法則，再到普遍法則，是世界不斷進步、文明不斷發展的標誌。

當你用這三大法則的視角看世界，就會理解個體發展、組織博弈甚至國際政治都有其背後的原因。

但是，回到自己身上，你要知道：

自然法則是最「健壯」的，因為最原始，只需要自己認同。

普遍法則是最「有效」的，因為最廣泛，能產生更多協作。

「巨嬰」和「槓精」，是在和世界打交道的過程中，選擇了錯誤的法則。

問問自己：今天你是在以什麼樣的法則，與這個世界進行價值交換？

你用的法則越高級，你能換到的東西就越多。但同時，你也更脆弱。

我們要懂得，用族群法則、普遍法則和世界進行價值交換，同時在必要的時候，用自然法則來保護自己。

# 找到並利用自己的戰略勢能

　　我曾經寫過一篇文章，叫〈華為：這不是技術戰爭，這是財富分配權的戰爭〉，討論了「誰掌握稀缺資源，誰就擁有財富分配權」這個觀點。其中提到，華為特別重視研發，每年華為的研發投入都超過全年銷售收入的10%。以2019年為例，華為的研發費用達到1317億元，佔全年銷售收入的15.3%。

　　華為為什麼重研發？因為重研發，會讓華為擁有較高的勢能，就像在戰爭中一樣，勢能高的一方優勢就大。

　　要理解這點，就要從理解戰爭的本質說起。我們可以從這個角度，嘗試著去理解華為為什麼重研發。

## 當我們討論能量時，我們在討論什麼

　　得到上有一門課程叫《熊逸講透〈資治通鑒〉》，其中有一講說的是「水攻」，給我留下了深刻的印象。

　　過去打仗大多都是用火攻，《孫子兵法》裡就有講如何用火打仗的〈火攻篇〉，但沒有〈水攻篇〉。這是為什麼呢？因為水通常被認為是防守用的，比如護城河，能起到防守抵禦的作用。

　　那一場戰役如若決定用水攻，指揮作戰的將軍要怎樣才能用水來攻下一座城池呢？

答案是建壩。圍繞城牆，向後建水壩。

在過去的工程水準之下，要圍繞城牆建壩很難，這位將軍用了整整三年，才把大壩一直建到上游水源。之後的事情就變得簡單了，只要把水一放，上游的水嘩嘩地沖過去，整個城市就被衝開了。

整個過程看起來並不複雜，但我之所以覺得很受啟發，是因為這裡存在一個更底層的邏輯，它不是「水」和「火」的差距，而是能量的差距。

當我們討論能量的時候，我們在討論什麼呢？

讓我們一起來看，從拳頭到子彈，這些戰爭工具的能量存在著怎樣的差距？

拳頭──我們一拳打過去，用的是我們吃下飯後產生的化學能。在揮出一拳的瞬間，這種化學能突然轉變為動能，用拳頭頂部堅硬的關節，打在對方的柔軟部位。

刀劍──手起刀落，形成一條「線」上的切割。同樣是揮舞手臂的能量，但刀劍有磨得極為鋒利的刀鋒，刀鋒以更小的受力面積、更大的壓強，給敵方造成足以劃開皮肉、抵達骨頭的傷害。

弓箭──增加了時間的維度，弓弦拉得越緊，彈回來的勢能也就越大，弓弦的勢能傳遞給箭之後，轉化為動能，再以尖銳的箭頭作為唯一接觸點，「嗖」的一聲刺入敵方的身體，給敵方造

成定「點」傷害，實現穿刺攻擊。

投石車——投石車就更強了，士兵在準備期間搖動絞盤、滑輪，其體內的化學能就一點一點地轉化成配重物緩緩上升後的勢能；士兵放好石彈後，突然砍斷繩索、配重物下落的一剎那，槓桿將配重物的勢能在極短的時間內轉化為石彈的動能，這種動能能將100公斤的石彈拋射大約250米（比兩個足球場的長度加起來還多），對敵方城牆造成巨大破壞。

子彈——子彈頭是否足夠尖銳已經不再重要了，為什麼？你會發現很多手槍的子彈頭其實是圓的，因為它在槍膛內爆炸產生的能量已經大到能產生足夠動能，而且，圓頭子彈在進入人體後由於受到更大阻力，對中槍者能造成更大傷害，使其迅速喪失戰鬥力。

所以，自從掌握了火藥和槍支後，人類掌握能量的水準就大幅度提高了。

## 戰爭的本質，是對能量的控制

理解了以上這些，我們再回到水攻城池的話題上來——為什麼要用水攻？

沒錯，因為水有巨大的勢能。

所以，水攻城池的本質是什麼呢？

答案是借助一個自身並不具備的勢能來作戰。

從一個理科生的角度來看，軍隊養士兵，就是軍隊透過分發軍餉，將士兵吃下去的化學能轉變成殺敵的能量。但如果士兵們吃了一天的飯，然後馬上派他們去打仗，他們只能把當天產生的化學能轉化為揮刀、射箭的動能。

怎樣才能提高一個層次呢？我們能否用三年的時間去建水壩，用三年吃出來的化學能去逐步累積、建立並控制一個能量更大的壁壘，然後建完之後，把水閘「啪」地打開，充分釋放勢能呢？這個勢能一定是巨大的。你看過電影《2012》嗎？洪水嘩嘩地奔湧而來，把整個城市都淹沒了。

從本質上來理解水攻，這個過程就是把一個軍隊吃了三年的化學能量，轉化為能一舉衝垮一座城池能量的過程。

所以，戰爭的本質，是對能量的控制。

我們再舉一個例子。你一定聽過一個成語，叫「易守難攻」。什麼叫易守難攻呢？為什麼要站在山頭勢能高的地方呢？因為在萬仞之巔，這些石頭早就積累了無數勢能，往下輕輕一推，它們的勢能就會為你所用。

而那些從下往上仰攻的敵人，不但沒有創造額外的能量，他們還在消耗能量。

所以從山頭往山下打和從山下往山頭打，本質上是不同等級能量之間的對抗。

誰能善用一場戰爭中他所看到的並且不屬於自己的所有能

量，誰就能贏得這場戰爭。

我想，如果今天再有人寫一冊兵法，是否很有可能叫《能量使用法》呢？

## 借助外在勢能，企業才更有可能成功

現在，我們再來說說企業：

如果站在能量的角度來理解企業經營，銷售團隊是一支什麼樣的團隊呢？

從本質上來說，銷售團隊是一個把化學能轉化為動能的團隊。我們可以把整個銷售團隊理解為冷兵器時代的軍隊，他們在平地上推石頭，把團隊的化學能變成動能，從而把石頭往前推。在這個團隊中，力量比較大、水準特別高的高級銷售，就像是巨人，能把石頭推得更遠一點。因為巨人吃得多，能量轉化得也多。

而一個真正優秀的企業，則要懂得借助更大的、本不屬於自己的能量，像水攻城池那樣，讓這些能量幫助自己獲得商業上的成功。

我們經常說商業模式，模式創造的是什麼能量呢？是勢能。

當你擁有一個優秀的商業模式時，你就相當於站在了山頂上，雖然敵方有一個很強大的銷售團隊，但對方其實是在仰攻，你只要把山頂上的石頭往下輕輕一推，就能獲得勝利（見圖

5-2）。

科技又是什麼呢？科技也是勢能。當一家公司擁有了許多專利，就相當於有了許多工具，利用這些工具的勢能、科技的勢能，就能形成商業競爭中的「水攻」。

所以，現在你應該理解了科技公司為什麼會每年投入10%的總銷售收入甚至更多的研發費用來築造「城牆」，你應該也理解了華為到底在幹什麼。

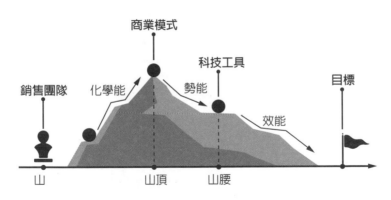

圖5-2　商業模式創造勢能

巨大的湖泊或河流就在那裡，一家企業只有每年投入巨大的研發費用去培養自己的博士團隊，設法借助未來科技所帶來的勢能，這樣，當建壩建到水邊的時候，水的勢能才能為其所用。

華為建了10年5G的水路，才最終借助水的勢能，沖掉了許多「城池」。

借助外在勢能，而不是借助員工每天吃下去的化學能，企業才有更大的機會獲得成功。

---

## 小提示

我們曾說「你陪客戶喝的酒，是做產品時沒有流的汗」，這是因為我們做產品是把千鈞之石推上萬仞之巔，再在盡可能大的勢能之下，將其輕輕推動，用行銷和管道減少阻力，把這種勢能轉化為動能，然後用轉化後的動能去盡可能地覆蓋用戶，從而設法獲得商業上的成功。

我們還說，「求之於勢，不責於人」。求之於勢，是尋找戰略勢能，是追求技術的領先、商業模式的優越以及效率的優勢；不責於人，是把正確的人放在正確的位置上進行賦能，是在匹配責權利制度的前提下對每個人全部能量的調動。

戰爭的本質，是對能量的控制。祝福華為。

# 產品價格到底應該由什麼決定？

我的工作是商業諮詢，因此有機會接觸到很多創業者。有些創業者在給我介紹他們的產品時，會問問我的建議。

有一次，我看了產品後說：「產品很好，但是感覺有點貴。」

創業者說：「我們的產品定位就是中高端，是要賣給中產階級人群的。」

聽他這麼一說，我就想說：「中產階級得罪誰了，為什麼要把貴的東西賣給我們？」

接下來，他們一般都會追問：「那我的產品應該怎麼定價呢？」

從商業洞察的角度來說，產品價格是由消費者能感知到的價值決定的。

消費者能感知到什麼價值？——功能價值、體驗價值、個性化價值（見圖5-3）。

## 功能價值

什麼是功能價值？

街頭小販賣西瓜，他賣的是整個的西瓜。為了把西瓜賣出

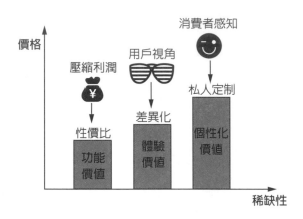

圖5-3　產品價格由什麼決定

去，他會打出吸睛的看板，比如「甜得捨不得賣」，這個看板讓我們知道這個西瓜特別甜，這是我們能感知到的功能價值。

再比如，我去爬山，爬得特別累，爬完山后感覺餓得不得了，於是趕緊找了個餐館，點了三個大饅頭，狼吞虎嚥地吃完後才覺得飽了。饅頭能吃飽，這是我感知到的饅頭帶來的功能價值。

同理，幾乎所有的食物，理論上都可以滿足吃飽的需求。如果僅僅是滿足吃飽這個需求，那麼所有食物的價格應該都是一樣的。這時，你認為哪種食物會更受消費者歡迎？當然是價格更低的食物。

如果消費者只是為了吃飽，那麼無論是吃饅頭還是海鮮，它

們的功能都一樣。所以，價格是一個非常重要的競爭因素。

但是「價格」這個詞並不準確，我們可以用一個更準確的詞來描述——「性價比」。

什麼是性價比？

性價比是指性能與價格的比。在品質相同的情況下，產品越便宜，則性價比越高；或者在價格相同的情況下，產品品質越好，則性價比越高。

人類有兩種最基本的購物需求：物美價廉和價廉物美。這兩者有什麼區別？

舉個例子。上海有個地方叫七浦路，翻譯成英文是「Cheap Road」，意思就是這裡的東西很便宜。而在徐家匯，有個很高端的購物中心，叫港匯廣場。

大家一般會在什麼情況下去七浦路？通常是在週末空閒的時候去逛一逛，因為七浦路的東西都很便宜，所以大家都去「價廉」裡面找「物美」。

那一般會在什麼情況下去港匯廣場？比如有個朋友下個星期要結婚了，邀請你去一家很高端的酒店參加婚禮，要求每個人都要穿禮服。但你沒有禮服，這時候你會去港匯廣場，因為這裡的物品都很好，但通常都比較貴。你可能會到處逛，試圖從中找到一件比較便宜的，這就叫從「物美」裡面找「價廉」。

這兩種需求永遠都不會消失。而不管是價廉還是物美，背後

都存在著性價比。

所以，如果你做的是功能型產品，高性價比或許可以成為你的競爭優勢。

那怎樣才能做出高性價比？

最基本的方法是透過規模效應降低成本，規模越大，價格越低。但成本降低後會帶來更大的規模，比到最後就會演變成價格戰，將利潤空間壓榨得越來越小。

還有一種方法是利用技術優勢降低成本，比效率。比如，本來一個小時只能生產10件產品，研發出新技術後，可以一個小時生產50件產品。但比效率的難度很大，只有少數公司能做成。

那大多數公司怎麼辦？

大多數公司都不應該在同一個產品上比價格，而是要給消費者提供更稀缺的價值——體驗價值。

## 體驗價值

什麼是體驗價值？

我們還是以賣西瓜為例，小販看到賣整個西瓜的銷量不好，於是就推出了新賣法：賣半個西瓜，送一個勺子。在其他人都在賣整個西瓜時，他的賣法就格外不同。這種新賣法為消費者提供了便利，讓他們想什麼時候吃西瓜都行。這種差異化就給消費者帶來了體驗價值。

　　大家都知道，中國經濟在過去的一段時間內一直存在著一個問題──只要有人做出來的產品賺了錢，全中國的同行或外行就會蜂擁而上、紛紛模仿，導致到處都是山寨品。做便宜產品的人很多，能提供體驗價值的人很少。但其實，每個國家都會經歷一個階段──跟隨別人。

　　在今天，任何商品只要貼上「德國製造（Made in Germany）」，價格馬上就會上漲，因為德國商品帶給人們的印象是品質可靠。

　　但是你知道「Made in Germany」這個名稱是怎麼來的嗎？

　　在18世紀，英國謝菲爾德（Sheffield）公司生產的剪刀和刀具非常有名，品質很好，在市場上很受歡迎。德國索林根城製造商就「山寨」了這個產品，他們做出來的產品與謝菲爾德公司的產品很像，品質也很接近，但是價格卻非常低。

　　這種模仿和對別人品牌的侵犯導致英國、法國等製造商對德國非常痛恨，當時德國製造聲名狼藉。

　　為了解決產品被仿冒的問題、維護英國製造商的權利，憤怒的英國人拿起了法律武器。1887年，英國人在國會上通過了一項侮辱性的法案──《商品法》。《商品法》中有一個重要的條款，要求所有來自德國的產品都必須貼上「Made in Germany」的標籤，以此將價廉質劣的德國貨與優質的英國產品區分開來。

　　從那時開始，德國人意識到，所有的努力和創新都要凝聚在

這個標籤上，這是別人選擇他們的標準。後來德國的產品做得越來越好，最終擺脫了「低級貨」的烙印。

許多國家都曾是山寨大國，美國和日本也不例外。但是，比起一味地模仿，更重要的是要懂得建立差異化，給消費者提供更稀缺的體驗價值。

而打造體驗價值的核心方法論，是從產品視角切換為使用者視角。

但用戶會僅僅滿足於此嗎？

不，還有比體驗價值更稀缺的價值——個性化價值。

## 個性化價值

什麼是個性化價值？

到了七夕情人節，賣西瓜的小販又推出了新賣法——「心形」西瓜。只要在半個西瓜上切一刀，再拼一下，一個「心形」西瓜就做成了。消費者在這一天看到這種西瓜，就會聯想到可以買來送女朋友，表示自己的心意。

個性化是產品銷售中最高級的賣法，它可以讓每個人都能擁有私人定制。

典型的例子是紅領西服公司，這是一家在網路上做個性化衣物定制的公司。他們的定制流程是這樣的：你對自己的身材進行測量後，把尺寸資料發給他們，然後他們找專業設計師為你設計

十幾件衣服，做好之後郵寄給你。同時，他們還會告訴你十幾種搭配方法，你只要按照搭配試穿即可。如果有喜歡的，你可以留下，不喜歡也沒關係，你再郵寄回來就行。

利用這種郵購的方式，紅領西服公司可以在網路上滿足每個人的個性化價值，這樣消費者就不用再到商場做私人定制了。

個性化需求，是這個時代最高級、最昂貴的需求。

個性化產品，是能讓使用者感知到最稀缺價值感的產品。

## 小提示

產品定價最重要的因素是消費者，因為產品價格是由消費者
能感知到的價值決定的。

消費者可以感知到的價值包括功能價值、體驗價值、個性化
價值。

比如，消費者希望買到的西瓜更甜，於是小販打出廣告「甜
得捨不得賣」，這叫滿足功能價值。

消費者想要隨時都能吃到西瓜，小販就把西瓜切成兩半，再
配個勺子，這叫滿足體驗價值。

消費者想在七夕情人節買西瓜送女朋友，小販就把西瓜拼成
了「心形」，這叫滿足個性化價值。

比功能更稀缺的，是體驗；比體驗更稀缺的，是個性化。

所以，產品的定價，取決於你能提供給消費者什麼價值。價
值越稀缺，價格就越高。

# 利潤，來自沒有競爭

一位正在創業的學員問我：「剛開始進入行業的時候，可以賺到很多錢。可是，這幾年隨著競爭加劇，收入越來越少，現在也就勉強能覆蓋公司的所有成本，幾乎沒有多少利潤了，怎麼辦？」

這個問題，是很多創業者都會遇到的。

怎麼辦呢？

## 社會工資與趨勢紅利

要回答這個問題，我們首先要理解，到底什麼叫作利潤。

有朋友說：「這很簡單啊，收入減掉成本，剩下來的，不就是利潤嗎？假如生產一件商品需要花3元，現在把它以30元的價格賣出去，那麼，30－3＝27，這27元就是你的利潤呀。」

可是，我想請你仔細想一想：這27元真的是你的利潤嗎？

有朋友說：「除了商品的製造成本，還有行銷成本、管道成本、折舊損耗成本、公司運營成本（比如員工工資、辦公室開銷、管理成本）等，把所有的成本都扣除，剩下來的才是利潤。」

沒錯。

那假如這3元已經涵蓋了你所說的所有成本，我現在再問：這27元，到底是不是你的利潤？

其實，這27元，並不是你真正的利潤。

為什麼？

假設你剛進入一個新市場，你生產一件商品的成本是3元，你把它賣到30元，每賣出一件就能賺27元，你覺得世界特別美好。可是，這樣的狀態能穩定地持續下去嗎？

如果有人發現花3元生產的東西居然可以賺27元，只要付出和你一樣的努力，在這個新市場就能獲得更多的利潤，那麼，他一定會「殺」進市場。

新人「殺」進市場，他的生產成本也是3元，但他發現你已經把市場佔領了，怎麼辦？他是不是只要賣得比你便宜一點，就有優勢？

於是，他決定賣27元。這就打響了價格戰的第一槍。

別人賣27元，你賣30元，這時候，你怎麼辦？你也只能跟著降價，當你的價格降得比他更低時，你才能賣出更多的商品。於是，你開始賣20元⋯⋯。

當你把價格降到20元，對手會發現，生意全都被你搶去了，他會怎麼辦？他會接著降價，反正還能掙到錢，於是，他開始賣10元。

賣10元，還能賺到7元，雖然比剛開始的27元要少很多，但

這7元的利潤只要超過了社會的平均利潤，就一定會有人繼續做這個生意。

對手賣10元了，你怎麼辦呢？那就繼續降價吧。於是，你把價格降到了5元⋯⋯

這個行業的利潤被迅速拉平，漸漸地，你開始害怕了。

當價格降到3.3元的時候，你一算，只有10%的利潤可以賺了，不能再便宜了，再便宜就要虧本了。你的對手也說，不能再降了，再降就不幹了。於是，你們的價格最終穩定在了3.3元（見表5-1）。

表5-1　穩定的利潤形成（單位：元）

|  | 你 | 別人 |
|---|---|---|
| 成本 | 3 | 3 |
| 初始價格 | 30 | 30 |
| 第一輪 | 27 | 30 |
| 第二輪 | 27 | 20 |
| 第三輪 | 10 | 20 |
| 第四輪 | 10 | 5 |
| 第五輪 | 3.3 | 5 |
| 第六輪 | 3.3 | 3.3 |
| 第七輪 | 3.3 | 3.3 |
| 穩定的利潤 | 0.3 | 0.3 |

這時候，你們都只能賺0.3元。那這0.3元，是你的利潤嗎？

不是。這0.3元，其實只是社會付給你的辛苦費，我們把它

叫作社會工資。

什麼意思？

如果你賺的錢比0.3元還少，你就不幹了，你的公司也要解散。可是，社會是需要你的商品的，於是，社會告訴你：

「別解散，別解散，我出0.3元，你要繼續幹下去呀。」

這0.3元，是社會付給你的辛苦費。你想賺更多，也賺不到了。所以我們說，這是社會發給你的工資，並不是你真正的利潤。

而你一開始進入市場時，把成本為3元的產品賣到30元，這30元與最終的穩定價格3.3元之間有26.7元的差價，這其實是市場給你的趨勢紅利（見圖5-4）。

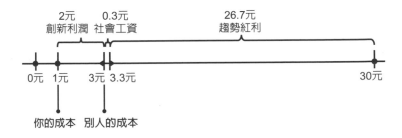

圖5-4　創新利潤、社會工資與趨勢紅利

拿到趨勢紅利，是你的運氣，你應該心存感激。

因為總有一天，當市場趨於飽和時，紅利就會被別人拿走。

所以，這26.7元，也不是你真正的利潤。

別人能拿走的，那就讓他們拿走吧。那些都不是你的利潤。

## 創新利潤

那到底什麼才是你的利潤？

如果你跟別人一樣，生產商品的成本都是3元，那麼你是沒有真正的利潤的。你真正的利潤應該來自透過某種創新使你的成本比別人更低。

當整個行業的成本都是3元的時候，你有沒有本事把成本降到1元？

當你把成本降到1元，而別人學都學不來的時候，你比別人便宜的這2元，才是你真正、唯一的利潤。

這2元的利潤，別人永遠也拿不走。

只有別人拿不走的，才是你真正的利潤。

那怎麼才能做到比別人成本更低呢？一個非常典型的例子，是葉國富的名創優品。

在日用雜貨行業，過去1元出廠的商品，賣給消費者的價格大概是3元。而名創優品呢？名創優品的商品，0.5元出廠，賣給消費者的價格不到1元。

這是怎麼做到的？

首先，葉國富用「直管」的模式，也就是加盟商出錢、自己

管理品牌的模式，在兩年之內，迅速開出了1000多家門店。

因為這1000多家門店，他有了強大的議價能力，然後，他找到供應商，問：「我有1000多家門店，找你進貨，你能不能在保證品質的同時，把價格從1元壓到0.5元？」

別人一次進幾十箱貨，葉國富一進貨就是上萬箱，這樣的生意你做不做？

這麼大的量，供應商想了想，覺得可以接受。因為他最在乎的不是毛利率，而是利潤的絕對值。

然後，名創優品就在0.5元出廠價的基礎上，加價8%~10%，作為品牌運營費用，支援中後臺的資料、倉庫、採購的運營，直接給門店供貨。門店再加上32%~38%的毛利，覆蓋剩下的所有管理成本。最終，名創優品的產品，賣給消費者的價格還不到1元，比其他商家的出廠價還低，所以這些商家根本競爭不過名創優品。這就是效率創新。

其他商家的出廠價是1元，而名創優品的出廠價是0.5元。這0.5元的差價，就是名創優品透過效率創新創造出來的真正利潤。

## 小提示

利潤，來自沒有競爭。

回到一開始那位學員提到的問題，現在我們知道了，剛開始進入行業時，他賺到的錢，其實是市場紅利，並不是他的利潤。競爭幾年之後，收入只能勉強覆蓋成本，這是因為他掙的是社會工資，是社會給他的辛苦費，也不是真正的利潤。

只有透過創新，才能在整個行業成本都是3元的時候把成本降到2元、1元，而只有別人學不會也做不來時，你才能建立起真正的護城河，才會擁有真正的利潤。

利潤，來自沒有競爭。

任何一個行業，所有的紅利最終都會被競爭拉平，最後大家只能賺社會工資。這時候，只能透過創新來創造利潤空間。

否則，說句扎心的話，你以為你在創業，其實你只是在為社會打工。

所以，問問你自己，你今天所賺到的錢，是趨勢紅利，是社會工資，還是創新利潤呢？

# 沒有KPI，也能管好公司

我以前一直不理解，沒有KPI（關鍵績效指標），怎麼可能管得好公司呢？

沒有KPI，沒有對應的獎金，員工為什麼會努力幹活呢？總會有人偷懶吧？要是所有人都不好好幹，公司不就完了嗎？

但是現在，我看到了幾個活生生的例子，它們沒有KPI，沒有考核，但是團隊很有創造力，公司發展得非常迅猛。這些公司讓我開始相信，在某些情況下，沒有KPI，沒有考核，也能管好公司。

優秀的人不用管理，他們會自我驅動。

第一個例子，是一家諮詢公司。

這家諮詢公司招的都是非常優秀的人。他們把員工分為六級：初級顧問、中級顧問、高級顧問、專案經理、總監、合夥人。每2~3年，員工會晉升一級。升上去的，工資會翻倍；升不上去的，就要離開公司了。

這是一種強制的向上機制。公司會給你機會，如果你沒抓住機會，也不代表你不優秀，你在別的地方可能表現更好。

在這家諮詢公司，諮詢顧問參與專案是沒有獎金的。為什麼？

因為一旦有獎金，合夥人或者項目經理就會有一種動力，把原來用2000萬元就能解決的問題賣出5000萬元，對客戶進行「過度醫療」。這對客戶是不好的，也有違這家公司的價值觀。

那用什麼來激勵諮詢顧問呢？晉升。

那麼，如何決定誰能晉升呢？用KPI嗎？用什麼KPI呢？

不用。他們沒有KPI。

有KPI，就會有KPI的漏洞。那麼多聰明人，這些漏洞是藏不住的。

他們的評價方式，是由合夥人打分。他們有一套相對客觀公正的打分機制。簡單來說，選擇某個合夥人給一個員工打分的前提，是他們沒有在任何專案中合作過。為了評價這個員工，這個「陌生的」合夥人，需要找到與這個員工合作過的20~30個同事，跟每個人進行充分溝通，然後根據收集到的回饋，來給員工打分，決定他們是否晉升。

這需要巨大的時間投入，但能帶來相對客觀公正的評價。

因為沒有KPI，所以員工根本不知道如何「向上管理」，如何「優化」考核結果，唯一的選擇就是努力工作，努力和每一個人協作。

那萬一合夥人有問題，比如對員工不公正，該怎麼辦呢？

他們也有一套相對客觀公正的機制——匿名對員工做調查。如果員工對管理者存在不滿，這是管理者的大罪。如果調查屬

實，他們會給員工安排晉升計畫或者心理輔導。如果這些都無法彌補，這個合夥人就會被開除。

人才是他們最重要的資產，誰也不能傷害人才。

那每年公司賺到的利潤怎麼分呢？公司的利潤，由所有在職合夥人平分。

是的，你沒看錯，是平分，而且，合夥人之間不分高低，一律平分。

那貢獻多的合夥人，不就被佔便宜了嗎？其實，沒有人能永遠貢獻最多。這段時間你貢獻大，過段時間可能另外一個人貢獻大。當合夥人都有充分的自驅力的時候，誰也不會佔誰便宜。這就是「勝則舉杯歡慶，敗則拚死相救」。

他們認為，公司最核心的資產，是最頂尖的人才。但是，越優秀的人才，越不容易管理。

他們沒有KPI，沒有獎金，更沒有常規意義上的考核，他們不靠這個管人。他們透過晉升機制來選拔最優秀的人，並且相信，優秀的人不用管理，他們會自我驅動。

## 「我們只招成年人」

第二個例子，是美國的網飛（NETFLIX），它與臉書（Facebook）、亞馬遜（Amazon）、谷歌（Google）並稱「美股四劍客」。

網飛有一條著名的文化準則，叫作「我們只招成年人」。

什麼是「成年人」？小孩子才發脾氣，成年人要做的不是抱怨，而是自己動手解決問題。成年人就是那些清楚地知道自己要什麼，並且願意為之付出努力的人。他們有很強的自驅力，渴望和優秀的人一起做有挑戰的事，並且清楚自己和公司是平等的契約關係。

在外界看來，網飛的很多管理方式不僅顛覆，甚至有些瘋狂，但是也創造出了驚人的效果。

他們是怎麼做的？

首先，他們沒有績效考核，並且付給員工市場上最高的工資。

很多公司都會給員工基礎工資和獎金，獎金由員工KPI的完成度決定。但是網飛沒有KPI，他們認為，如果要擁抱變化，提前為員工設置KPI是不靠譜的，不可能定出一個合理的KPI。

並且，績效考核帶來的最大問題是什麼？是下級會取悅上級。因為考核員工的是他的上級。一個人做事如果是為了取悅上級，那他的動作就變形了。

同時，優秀的成年人靠自我驅動，不需要靠獎金驅動。

所以，他們付給員工市場上最高的固定工資。

不僅如此，他們還經常鼓勵員工接受其他公司的面試，瞭解自己的「市價」。如果其他公司給某位員工100萬元年薪，網飛

就會給他110萬元。過了一段時間，員工再去面試，其他公司給他120萬元年薪，網飛也會把他的薪水提高到130萬元，永遠保證員工拿到的工資是最高的。

為了不讓規章制度限制員工工作，網飛甚至取消了考勤和休假制度。員工在認為需要休假的時候，只需要與上級領導溝通好即可，且天數沒有上限。

那要是有員工不勝任工作怎麼辦？網飛會給他一個慷慨的離職包，通常是4~9個月的工資。

為什麼給這麼高的遣散費？因為與其讓這樣的員工在公司混半年日子，公司還得給他發半年工資，不如提前把錢給他，讓他離開。所以在網飛，普通員工離職補償4個月的工資，高管離職補償9個月的工資。

最後網飛公司留下來的，都是非常優秀的人才，人才密度極高。


## 沒有後顧之憂的人，才能發揮最大的創造性

第三個例子，是樊登老師的公司「樊登讀書」。

樊登讀書現在一年的收入規模大概是10億元。樊登老師生活在北京，但是他的大部分團隊都在上海，他幾乎不怎麼管理公司。一個不怎麼管理公司的老闆，是怎麼把生意做到10億元的，而且公司還運轉得非常不錯？

樊登老師說，很多公司總想用激勵來解決問題，給員工很低的基礎工資，再加上高一點的獎金，然後給員工設定KPI，達成KPI才能拿到更多的獎金，生怕給了員工固定的高工資之後，員工就不努力了。

其實，靠體力工作的人，可以採取這樣的激勵方式，但對那些需要其發揮創造性的員工，這麼做是不對的。

很多工廠的工人是拿計件工資的，比如幹一件可以得到兩角錢的提成，這是沒問題的。因為他的工作不需要大量的認知，他不是一個靠認知去工作的人，而是一個靠體力去工作的人。不靠認知的工作崗位，用計件工資的方式就很容易出成果。

但是你說，你怎麼給他激勵，能讓他寫出一部《哈利波特》？寫出來給他20%的提成（指佣金，Commission）他能寫出來嗎？根本不可能。

最有創造力的工作，一定來自熱愛，來自他內在的自驅力和創造性。

所以凡是從事與認知有關工作的人，就不能用KPI的方法來進行激勵，而應該讓他有更明確的願景。

在這方面，我們公司走過一些彎路，之前我也總是想給員工激勵、獎金，後來發現這種方式特別不公平，所以現在，我們公司正在逐步取消獎金制度。

很多人都會覺得，既然你的公司業務就是賣卡，那麼銷售

人員每賣掉一張卡，你就給他10%的提成，這不是很正常的操作嗎？但是實際上這個操作非常糟糕，它會使組織內部變得矛盾重重。

因為有了KPI和提成，員工就有了私心。他們會覺得：「我的指標又不是這個，我為什麼要配合你呢？就算是舉手之勞，我能幫到你，但是這跟我的KPI沒關係，那是你的事。」這就使組織內部的協作變得非常困難。

同時，KPI和提成制度會明顯壓抑員工的創造力。

原本一個員工發揮自己的創造力，能創造10倍的增長。但是KPI設定是20%的增長，他就被KPI限制住了。只盯著KPI，員工的目光就會變得非常短淺，無論做什麼事情他都會去考慮：「這件事能不能讓我完成KPI？萬一不能完不成怎麼辦？那還是別做了吧。」這樣一來，他做事情就會束手束腳，被KPI限制住了。

所以，我們寧願給員工固定的高工資，也不願意給他高獎金。給員工一份比較高的固定工資，讓他忘掉錢的存在，一心投入工作就行了，不要整天想著怎麼多完成一點點業績、多賺一點點錢。一個好的員工，應該考慮的是更大的事。

沒有了後顧之憂，員工才能夠發揮最大的創造性。

而且，你一旦給員工一份高的固定工資，其實反而能激發他的善意。

你要相信人性的善，人不是靠激勵做事的，人自身就有成長

的動力。一個人覺得安全了，不用為錢發愁了，他反而會去做一些真正有價值的事情。

彼得・杜拉克（Peter F. Drucker）說，管理就是最大限度地激發他人的善意，我們要把員工內心的善意激發出來，而不是把他的惡意激發出來。

舉個例子。如果一個人在別的公司一個月拿3萬元的固定工資和浮動提成，而我給他一個月5萬元的固定工資，他會選什麼？

他肯定會選我。

如果他拿3萬元的固定工資和浮動提成，他每天都會想著怎麼才能得到更多的錢，會不斷地去尋求得到更多錢的方法，而忘記更遠大的目標，這反而會激發他的惡意，激發出他內心的貪婪、恐懼和自私。

而我給他一個月5萬元的固定工資，就給了他安全感，讓他不用考慮那麼多，比如今天怎麼完成10%拿500元，明天怎麼完成20%拿1000元，這些事情他都不需要再考慮了。這時，你激發出的是他的責任感、成長和榮譽。

在這個時候，他才會全身心地投入到創造價值上。他不會想這個業務究竟是誰的，他只知道這個業務是公司的，他考慮的是怎麼做才能把這件事做得更漂亮。

腦子裡天天想著錢的人，是幹不出漂亮事的。

## 小提示

如果說這個世界上的管理有儒家和法家之分，儒家用道德
（文化）管理公司，法家用規則（KPI）管理公司，那麼，這
三家公司就是典型的儒家式管理公司。

它們沒有法家的KPI，因此沒有獎金，更沒有常規意義上的考
核。

它們依靠文化，依靠選拔最優秀的人，依靠給員工充分的自
由和充足的安全感，來激發員工最大的創造力。

它們不管理員工，它們只是提供平臺，讓員工自我驅動。

當然，這些公司這樣管理有其特殊性。它們招到的，都是自
驅力極強的頂尖人才。但也許就是因為採用了這樣的管理方
式，它們才能招到這些頂尖人才。

這就是儒家式管理。

你呢？你是選擇儒家式管理，還是選擇法家式管理？

# 讓優秀員工成為事業合夥人

我在〈警惕！你的HR正在勸說優秀員工辭職〉這篇文章中，指出了一直存在的一個職場潛規則：對優秀人才來說，跳槽比升職成長快。尤其是在大變革時代，外部龍捲風式的變化，更加凸顯了企業內部的一潭死水，這個「潛規則」漸漸變成了「顯規則」。

在〈員工忠誠度，是企業戒不掉的搖頭丸〉這篇文章中，我又斗膽說道：員工忠誠度，不是企業對員工的要求，是員工對企業和企業家的打分，是領導力的量化指標。尤其是在大變革時代，要求員工對企業有忠誠度，而自己對員工卻「不忠誠」，是讓企業自嗨的「搖頭丸」。

很多朋友給我留言，說：「講得太好了，我們也是這樣，可是，怎麼辦？」

怎麼辦？所有的答案，都在員工和企業的關係裡。

員工和企業是雇用關係，但雇用關係的本質，是某種形式的合夥關係，是一種共同體。這種合夥關係有三種形態：利益共同體、事業共同體、命運共同體。

## 利益共同體與事業共同體

什麼是利益共同體？員工是來賺錢的，並且透過幫公司賺錢來獲得自己應得的利益。公司賺到了錢，分配機制又合理，則皆人歡喜。但是如果員工努力了，公司也不賺錢，那說明員工和公司不是最合適的利益共同體，那麼，公司可以另請高明，員工也可以去能把自己的價值真正兌換成貨幣的地方。

這樣的關係叫作利益共同體。利益共同體，是一切合夥的基礎。

但是，優秀的員工通常並不甘於此。

他們明白，在短期利益和長期利益之間，必須進行取捨；在風險大小和收益多少之間，必須達到平衡。他們不想勞動一天就賺一天的錢，而是希望選一個領域，甚至一家公司深扎下去，寧願犧牲掉本來應得的、幾乎無風險的短期收益，來獲取可能有風險的但是長期的、更大的回報。

這項投資，就叫作事業。這種合夥關係，叫事業共同體。這個可能的長期收益，也許不只是金錢，還包括名譽、人脈、持續收益和持續勞動的最終兌現。

那麼，問題來了。你希望你的企業是一個利益共同體，還是一個事業共同體？你的員工呢，他們期待在一個利益共同體裡工作，還是在一個事業共同體裡工作？

也許很多企業家會立刻回答：「我的企業是事業共同體！」

　　利益共同體和事業共同體的最大差別，是「願望」、「風險」、「利益」這三者之間的排序。

　　如果一個員工發自內心地嚮往你所描繪的願景，並且由衷地堅信只要你們一起努力，就可以讓這個願景實現，並且自己也可以因為這個願景的實現而獲得巨大的利益（金錢、名譽等）的時候，他將可能擁有巨大的「願望」，成為「風險」偏好者，犧牲自己的短期「利益」，和你形成「事業共同體」，以求獲得「事業」成功（長期的且更大的利益）。

　　但是如果他不相信（是的，他不會告訴你他不相信，而且，他會想方設法地讓你覺得他甚至比你更相信），他就會在行為上優先選擇短期「利益」，規避中長期的個人「風險」，但是告訴你他在「願望」上對你的夢想深信不疑，同時默默地計算獲取外部一切職位的機會成本。

　　利益共同體和事業共同體，是短期與長期、風險與收益之間的一個選擇。這個選擇，基於對公司未來以及公司未來與個人收益之間的關係的信仰。

## 員工與企業之間的相互期待

　　跳槽、淘汰、忠誠度等問題，幾乎無不出自員工和企業對利益共同體和事業共同體之間的認知分歧，出自一種「錯配」。

　　在圖5-5中，我們把員工對企業的期待以及企業對員工的期

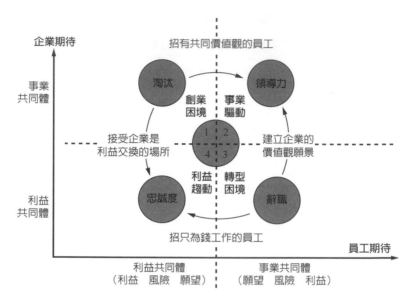

圖5-5　員工與企業之間的相互期待

待的不同，用兩個維度分成四個象限。

　　在第一象限（創業困境）裡，企業有偉大的願景，希望改變
世界。但很不幸的是，這時候，某些企業招來很多能力也許很
強，但並不真的相信詩和遠方[18]，也不願意為這個遠方承擔風險
的員工。

　　這些員工，甚至高級經理人，都希望靠自己的能力實現「短
期兌現」，和企業保持「利益共同體」的關係。於是，痛苦就產

---

18　原句為「生活不止眼前的苟且，還有詩和遠方。」意思是只要看到生活中不如
　　意，還有很多美好和溫暖的事。

生了。

因為這種不匹配而產生的痛苦，通常出現在創業公司裡。很多創業公司的創始人，滿身抱負，但是不懂戰略，也不懂管理，就從大公司挖來身價很高的職業經理人，給他們更高的薪酬。

這時，這些員工、職業經理人的目光，一直死盯著老闆，因為他們心中沒有遠方。最終，他們大多被淘汰。我們把這個象限，叫作「創業困境」（有夢想，沒人才）。

在第三象限（轉型困境）裡，很多員工，尤其是優秀的員工，期待創造或者參與偉大的事業。但是，很多已經成功了的傳統企業家的目標，是在原來的賽道上繼續賺錢。他們的想法是：我賺到了錢給你分一些，沒賺到，我可以不怨你，但是你也別怨我。

如果這家企業是時代的寵兒，一切都挺好的，但是，當環境突然發生改變時，這家企業的願景、戰略、組織就都跟不上時代的變化了。在變革的時代，這個象限是最糾結的——既得利益還沒有完全消失，但是優秀的員工已經不看好公司的未來。

這時候，企業家會試圖用「忠誠度」和「企業文化」來留住優秀員工。但是越優秀的員工越不買帳，他們要的是「事業」（長期的且更大的收益），因此，大量優秀員工會選擇辭職。我們把第三象限，叫作「轉型困境」（有人才，沒夢想）。

## 時代的接生婆

第一象限和第三象限，是大變革時代孕育偉大企業必須經歷的陣痛。這個「替時代生孩子」的過程是極其痛苦的。

第三象限（轉型困境）的企業，能（必須能）找到自己新的願景，並且讓優秀員工發自內心地相信，這是非常重要的。很多轉型企業的問題是，描繪了一個自己都不相信的未來，自欺欺人，能把「時代的孩子」接生下來的，只有真正的「領導力」。具有這種領導力的領導者，才能描繪出一個令人激動、值得相信的未來，並為企業指明道路。

只有真的找到了這個「未來」，優秀的人才會為這家企業把自己的優先順序重新調整為「願望、風險、利益」，並且和企業一起，進入第二象限（事業驅動）。

否則，無論企業用「忠誠度」、「企業文化」還是「感情」來挽留他們，都是留不住的。企業能留下的，大多是按照「利益、風險、願望」排序的員工，而那些優秀的員工，會紛紛進入有領導力的創業者帶領的處於「第一象限」（創業困境）的企業，並陪伴他們進入第二象限（事業驅動）。

領導力，是時代的接生婆。

舉個例子。我曾經拜訪過美少女天團「SNH48」的創始人王子傑，這個天團當時招募了160多名美少女成員。在2016年前後該天團迅速竄紅，獲得了很大的成功。我對他們的組織形態很感

興趣。

我問王子傑：「你是怎麼從第三象限（傳統的明星經紀公司）走到第二象限（明星創業平臺）的？」

他說：「我給每一個努力奮鬥的美少女提供更大的平臺。SNH48每週都有劇場演出，她們可以接各種通告，出唱片、演電影。」

王子傑把一場表演裡哪個女孩子站在舞臺中間（獲得更大的曝光），以及誰可以出演電影、誰可以出唱片等，都交給粉絲們投票決定。越努力的女孩子，越能得到粉絲們的喜歡，就會有越大的機遇，獲得越大的成就。

SNH48是一個組合，更是一個個人創業的平臺。於是，她們無比努力，爭取粉絲的擁護。

SNH48和每一個美少女，成了「事業合夥人」。

再舉個例子。有一個辯論節目，叫《奇葩說》，雖然每一場辯論都非常精采，但是一定會從兩支參賽隊伍中淘汰一名選手。淘汰誰是由現場觀眾而不是節目組決定的。淘汰後，將有一名候補選手替上。因此，每一個選手都非常努力，《奇葩說》就變成了辯手的一個創業平臺。

辯論越努力，觀點越精采，觀眾越認可，辯手們留在臺上曝光的機會就會越多，獲得的影響力也會越大。就這樣，《奇葩說》和辯手成了「事業合夥人」。

　　第二象限（事業驅動），就是張瑞敏[19]說的「沒有成功的企業，只有時代的企業」中的「時代的企業」。員工和企業都願意為了時代的機遇，為了可能的巨大的中長期利益，而放棄部分短期利益，共同承擔風險，共同奮鬥。

　　很多企業家都希望把自己的企業帶入第二象限，那麼如何判斷你是真的在第二象限，還是自以為在第二象限呢？

　　為此，我們提供了一個簡單的判斷標準。對於你的員工，你只需要問一個問題：「我打算給你降薪50%，任命你去負責一件事情，如果你做成了，就可以享受500%的收益，你願意嗎？」對於你自己，你只需要回答員工一個問題：「老闆，我打算自己降薪50%，申請負責那件事情，但是如果我做成了，要給我500%的收益，可以嗎？」

　　如果你們倆一拍即合，恭喜，你們都在第二象限（事業驅動），你們是「事業合夥人」。如果你回答「不行」，那麼你們在第三象限（轉型困境）；如果他回答「不行」，那麼你們在第一象限（創業困境）。

　　處於這兩個困境的原因，都是因為你缺乏那個真正的「領導力」──找到那個令人激動、值得相信的未來，並為企業指明道路。

　　如果找不到那個「領導力」（讓員工能以「願望、風險、利

---

19　中國知名家電品牌海爾的執行長與創辦人。

益「的順序思考）呢？不少企業會從此退回到第四象限（利益驅動）。網上一度流傳著一句話：「不要和我談理想，我的理想就是不工作。」這句話指的就是第四象限的這種狀態──員工以「利益、風險、願望」為排序方式。

如果你的企業處於這種狀態，那就接受這個現實，招只為錢而工作的員工，並且用最合適的短期利益刺激員工，使其與你一起作為「團夥」賺錢，然後接受由此帶來的員工高流動率，並採取合理的管理手段，對沖這種高流動率。

有些企業家的糾結在於，明明和員工是「利益共同體」的關係，卻為了降低員工的流動率，而假裝企業與員工是「事業共同體」，說一些員工無法相信甚至企業家自己內心都不相信的話，試圖招到一些為夢想工作的人，然後要求他們對企業忠誠。這將導致把自己放在一個非常尷尬的位置上。

處於第四象限的典型企業是家政公司──不要和我談「城市讓生活更美好」，請給我按小時結帳。

第二象限（事業驅動）很令人嚮往，但不一定是所有企業唯一正確的出路。第四象限（利益驅動）也許恰恰是不少企業的最後歸宿。痛苦不在於你希望自己在哪個象限，而在於你是否有不偏不倚的自我認知，明白到底哪一個才最適合你的企業。

## 命運共同體

那麼，如何能使員工與企業的關係從利益共同體、事業共同體發展成為命運共同體呢？

成為利益共同體的基礎是，你們有共同的短期利益；成為事業共同體的基礎是，你們有長期的共同利益。總之，你們有共同想得到的東西。但是，成為命運共同體的基礎是，你們有共同不能失去的東西。

現在我們可以把上面的問題修改一下：「我打算給你降薪50%，你再投入500萬元現金，去負責一件事情，如果你做成了，你可以享受5000%的收益，你願意嗎？」

如果這樣他也願意，說明他是多麼看好這個企業的未來啊，甚至願意把自己的全部身家賭進去。這時候，你們就有了共同的不能失去的東西，你們就成了真正的命運共同體。

## 小提示

如果給員工漲薪50%，他願意去做一件事，那麼你們是利益共同體。如果給員工降薪50%，做成可以享受500%的收益，他願意接受，那麼你們是事業共同體。如果給員工降薪50%，另外讓他再投入500萬元，做成可以享受5000%的收益，他願意接受，那麼你們是命運共同體。

員工與企業，誰也不需要對誰忠誠。大家真正需要忠誠的，是那個共同的夢想，共同的詩和遠方。

你希望你的員工深情凝視你，還是你們共同的遠方？

# 勤勞能創富，
# 但勤勞者能分到財富嗎？

　　我們經常說，勤勞致富。但是，你有沒有想過，勤勞真的能致富嗎？

　　不一定。

　　勤勞，能夠創造財富。但是，勤勞者卻未必能夠分到財富。

　　為什麼？

## 財富的本質

　　要回答這個問題，我們首先要理解財富的本質。

　　財富到底從哪裡來？很多人說，從勞動中來。沒錯，勞動可以創造財富。只有透過勞動才能把產品創造出來，換取財富。

　　假如你每天勞動8個小時，一年種出200斤大米，那麼你的財富就是200斤大米可以換來的東西。

　　如果你勤奮一點，每天勞動12個小時，一年種出300斤大米，你的財富就是300斤大米可以換來的東西。

　　這時候，財富＝勞動。

　　那麼，是不是財富就完全等於勞動呢？

　　不一定。

財富跟勞動有很大的相關性，但並不完全等於勞動。

比如，你買了自動播種機，買了自動噴灑農藥機，買了自動收割機，這些機器使得你的生產率大大提高，讓你每天只需要勞動2個小時就能種出500斤大米。那麼你的財富就是500斤大米可以換來的東西。

你的勞動雖然變少了，但是財富卻增加了。

這時候，財富＝勞動×生產率。

生產率取決於很多因素，比如知識、科技、工具、機器、流程、方法……這些東西，共同決定了你創造財富的生產率。

那麼，是不是財富就完全等於勞動×生產率呢？

不一定。

你在中國生產大米，大米賣得很好，是因為幾乎每家每戶都要吃大米。但假如你在美國生產大米，大米賣得可能就不如在中國好，因為美國人並不是每家每戶都吃大米。大米在美國的價值，就比在中國要小一點。所以，生產同樣多的大米，你在美國獲得的財富要比在中國少一點。

同樣的商品，因為不同客戶群體對它的需求不同，它所產生的效用就不同。

所以，除了勞動和生產率，財富還取決於效用，即

**財富＝勞動×生產率×效用**

這就是財富的本質。

如果把三個因素對應到這個時代的基本資源，那麼勞動就代表人口資源，生產率就代表科技資源，效用就代表商業價值。

理解了這個邏輯，你也就理解了：國家前期經濟飛漲，得益於擁有人口優勢。美國能夠一直穩坐國際老大的交椅，得益於他們科技發達。

而對於個人來說，勞動代表著你能投入的時間，生產率代表著你的槓桿，比如知識、工具、團隊、資金等，效用代表著你的勞動能創造的單位價值。這三個因素，共同決定了你能創造的財富。

## 勞動創造財富的兩個問題

雖然勞動、生產率和效用這三個因素共同決定了財富的多少。但是財富最基本的來源還是勞動。勞動是「1」，生產率和效用是「1」後面的很多個「0」。沒有勞動，就沒有財富，所以我們說勞動創造了財富。

但是，用勞動來創造財富，有兩個非常大的問題。

第一個問題：勞動創造財富，天花板很明顯。

在早期，每增加一個單位的勞動時間，所創造財富的總量上升得非常快。但是慢慢地，創造財富的增速開始放緩了。再往後，就算再增加勞動時間，所創造的財富總量也幾乎不增長了，

這就到達了一個天花板。

以我自己為例。我無論怎麼努力，也不可能一年講367天的課，這是我自己勞動創造財富的天花板。

再以公司為例。做任何一件事，一開始讓2個人去做，能做3個人的事。讓10個人去做，能做10個人的事。但是，如果讓100個人去做，可能只能做50個人的事。公司投入人力的邊際效益是遞減的（見圖5-6）。

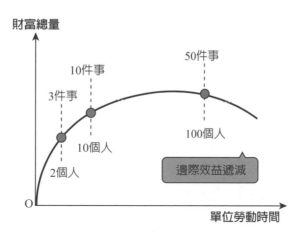

圖5-6　勞動創造財富的天花板（邊際效益遞減）

就像有一塊農田，讓一個農民來種，他辛辛苦苦勞作了一年，發現自己並不能充分利用這塊農田，他所創造的財富會受到自己體力的限制。如果讓10個人來種，你會發現，他們所創造的

財富幾乎增長了10倍。那讓100個人來種呢？會有100倍的增長嗎？不會。你發現他們所創造的財富可能只有50倍的增長，因為勞動力已經達到飽和。這時候，即使投入再多的人，也不可能創造更多的財富。這就是勞動創造財富的天花板。

勞動創造財富的第二個問題：勞動能夠創造財富，但是勞動本身並不分配財富。

創造財富就等於賺錢嗎？並不是。創造財富不叫賺錢，分配財富才叫賺錢。

為什麼很多人一年工作365天，勤懇勞動創造財富，最終卻沒有獲得很多財富？就是因為他並不擁有財富的分配權。

舉個例子。假如創造一件商品，需要七個步驟。每一個步驟都分別由一個人完成（我們用數字1~7來代表完成每個步驟的人）。最終，這個商品賣了70元。

那麼，問題來了：7個人，創造了70元的財富，這70元應該怎麼分？按每個人創造的價值來分嗎？可是，每個人到底創造了多少價值，是很難衡量的。

那就按照最簡單的辦法，平均分配7個人，每個人分10元（見圖5-7）。這時候，有人不答應了。2（第2個步驟的人）跳出來說：「我的工藝非常複雜，我每天做18個小時，特別辛苦，應該分我15元！」

應不應該分他15元呢？這就要看其他6個人答不答應了。

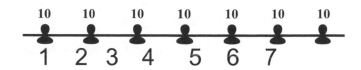

圖5-7　7個人平均分配

其他6個人一合計：「不行，分給他15元，我們分到的錢就少了！憑什麼？我們也很辛苦啊！」那怎麼辦呢？有沒有其他人，也能做2的這件事？於是，這6個人跑到市場上，吼了一嗓子：「10元！有誰能做這件事？」這時，馬上有個叫2.1的人跳出來說：「我願意做！我願意做！」

於是，原來的2就出局了，每個人還是分到10了。如圖5-8所示。

這時候，2著急了：「還是我來吧，還是我來吧！我不要15元了，我也不要10元了，我只要8元！」其他6個人說：「行啊，

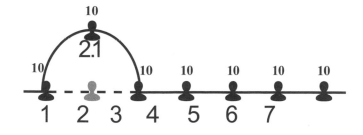

圖5-8　平均分配

那你回來吧。」

2回來之後，分8元，而其他6個人，每個人分10.33元。

所以你看，2這個人，雖然很勤勞、很辛苦，具備創造財富的能力，但是，他卻不具備分配財富的能力。

那誰才具備分配財富的能力？

要看整個鏈條上，誰是真的不可替代的。

假如，1、2、3、4、5、6、7中，只有4不可替代。這時候，4跳出來說：「10元太少了，我要20元！」其他6個人很生氣：「2要15元我們都沒同意，憑什麼給你20元！我們找個人把你幹掉！」

於是，這6個人跑到市場上，吼了一嗓子：「10元！有誰能做這件事？」

沒人理。

這6個人有點矇，他們咬咬牙，又吼了一嗓子：「15元！有誰能做這件事？」

還是沒人理。

這6個人驚呆了，內心在滴血，心一橫，又吼了一嗓子：「20元！有誰能做這件事？」

任憑他們吼破了嗓子，依然沒人理。

最後，他們悻悻而歸，只能答應4的條件，他們想：算了，就給他20元吧。給他20元，我們6個人每人還能分8.33元，總比

沒有強。

4分到了20元，很高興，心想：原來還能這麼幹啊！那我再多要點，我要40元行不行？

其他6個人馬上昏了過去：「給他40元，我們每個人只能分5元了。可是，市場上又找不到可以替代他的人。算了，5元就5元吧，反正在其他地方幹活也是5元。」

6個人雖然咬牙切齒，但最終還是接受了。如圖5-9所示。

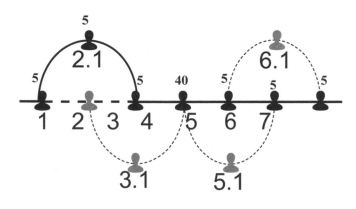

圖5-9　4分得40元

4嘗到了甜頭，馬上再次要價：「那我要50元行不行？」

其他6個人一聽，馬上跳起來拍桌子：拆夥！

為什麼？

給4分50元，其他6個人每人就只能分3.33元，那他們還不如

去別的地方幹活呢，還能拿5元。

所以你看，在這個鏈條中，4擁有著從10元到40元之間的財富分配權。在10元到40元之間，4要多少都行。

而其他人沒有分配財富的權力，只能被動接受。

有與沒有財富分配權，是完全不一樣的。你沒有財富分配權，你想分20元，就是貪心。而4擁有財富分配權，他想分20元，就是捨滿取半。

但是，4擁有分配財富的權力，就一定意味著他創造的財富更多嗎？

不一定。

這只意味著，4更稀缺。

就像我們很難衡量一個體力勞動者和一個腦力勞動者誰創造的財富更多，我們只能說，腦力勞動者擁有的分配財富的權力更大，因為他們更稀缺。

所以，勤勞未必能致富。致富的本質，並不是創造財富，而是分配財富。創造財富靠能力，而分配財富靠稀缺。

## 掌握稀缺資源，就擁有財富分配權

你想要擁有更多的財富，就要使自己在整個交易鏈條上變得更加稀缺。

　　舉個例子。同樣一碗麵，在家門口的連鎖餐廳賣20元，但在機場的連鎖餐廳卻賣99元。

　　憑什麼機場的面就這麼貴？你很生氣，跑去質問機場的連鎖餐廳：「你們憑什麼收我這麼多錢，你們也太黑心了吧！」

　　餐廳馬上解釋說：「不是不是，我收這麼多錢，是因為房租太貴，其實我並沒有賺很多錢。」

　　大多數錢，其實都被機場的店鋪出租商賺走了。

　　機場的店鋪出租商為什麼能收這麼貴的租金？因為他掌握著稀缺資源，所以擁有分配財富的權利。

　　什麼是稀缺資源？

　　大一點的機場，每天的人流量能達到幾十萬人次，而且選擇坐飛機的人群相對高端，所以，機場可以規模化地觸達高端人群。這個資源實在是太稀缺了，所以品牌商願意為此付出很多錢。很多大牌，比如愛馬仕、LV、卡地亞等，都願意付出高昂的租金在機場開店。如果有人嫌租金太貴，沒關係，後面還排著一大堆品牌商在急切地等著入場呢。

　　誰掌握稀缺資源，誰就擁有財富分配權（見圖5-10）。

　　所以，機場連鎖餐廳的一碗面賣99元，這個價格是由誰決定的？不是由你決定的，也不是由餐廳決定的，而是由機場的店鋪出租商決定的，因為他擁有財富分配權。

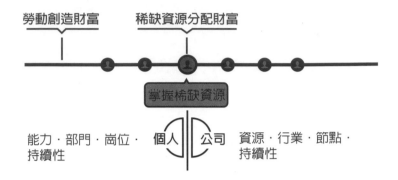

圖5-10　稀缺資源決定財富分配


　　勞動可以創造財富，創造財富很重要，但是財富應該怎麼分配、誰應該比誰更有錢這件事，並不是由創造財富的人決定的，而是由掌握稀缺資源的人決定的。

　　誰掌握稀缺資源，誰就擁有財富分配權。

## 小提示

所以，如果你想要擁有更多財富，就應該想盡一切辦法，提高自己的稀缺性。

比如，對於個人來說，你要思考的問題應該是：

——我是否擁有非常稀缺的能力？

——我是否在公司最稀缺的部門？

——我是否在部門最稀缺的崗位？

——我是否擁有最稀缺的資源？

——我現在擁有的稀缺性，未來還能繼續稀缺嗎？

為什麼有些員工年輕的時候能賺很多錢，35歲以後就容易被裁員？因為這些員工的體力和學習能力都沒有年輕人強，要價還比年輕人高，他們已經變得不稀缺了，慢慢地，就容易被淘汰。所以，為了避免被淘汰，你要提前去思考怎麼提高自己未來的稀缺性。

而對於公司來說，你要思考的問題應該是：

——我是否擁有非常稀缺的能力？

——我是否擁有最稀缺的資源？

——我是否處於最稀缺的行業？

——我是否在行業中處於最稀缺的節點？

——我現在擁有的稀缺性，未來還會繼續稀缺嗎？

只有不斷讓自己變得稀缺，你才能擁有財富分配權，獲得更多財富。

# 一切的分錢方式，無外乎優先和劣後

　　有同學在和別人合夥做項目的時候問我：「若賺錢了，應該怎麼分錢？」

　　我說：「一切的分錢方式，無外乎優先和劣後；一切的分配方式，都是固定、剩餘、分成的萬千組合。」

　　什麼意思？

　　現在，我就把關於優先和劣後的分錢方式分享給你，希望對你有所啟發。

## 員工優先，老闆劣後

　　說到分錢，我們先從老闆和員工如何分錢說起。

　　員工應該拿哪部分利益？「優先」利。

　　為什麼？

　　員工做好了工作，完成了目標，就應該得到利益，不論公司是盈利還是虧損。所以，優先利是固定的。

　　那老闆呢？老闆應該拿「劣後」利，也就是拿走優先後剩餘的利潤。劣後利，是剩餘的利潤，也許很多，也許很少，甚至會巨虧，但這都是老闆的事情，與員工無關。所以，劣後利是剩餘的。

　　那麼，你想激勵員工，應該用優先利還是劣後利？用固定還是剩餘？

　　我建議你用劣後利，也就是用分成的方式對員工進行激勵。這樣，透過不斷地分成，優秀的員工就可能會成為企業的合夥人，和公司共同成長，共同進步。如表5-2所示。

表5-2　老闆和員工如何分錢

| 工作關係 | 分配前提 | 分配原則 | 分錢配置 |
|---|---|---|---|
| 普通員工 | 完成工作目標 | 優先利 | 固定 |
| 老闆 | 公司有盈利 | 劣後利 | 剩餘 |
| 優秀員工 | 公司合夥人 | 劣後利 | 固定＋分成 |

## 如何在一個不確定的專案中「優先劣後」

　　前面說了老闆和員工應該如何分錢，誰優先，誰劣後，誰拿固定，誰拿剩餘，那麼，如果我們做一個不確定的項目呢？誰優先，誰劣後？

　　不妨虛構一個合作案例來說明誰優先、誰劣後。

　　假設你就像前文提到的同學一樣，和你的合作夥伴一起做一個專案，你出資本，她來具體運營，這時，你們應該怎麼分錢？

　　一個項目可以分為四個階段，每個階段分錢的方式都是不一樣的，我們要分別來討論。

首先，我們要知道，項目的四個階段分別是：

第一個階段，辛苦賺錢階段；

第二個階段，資本收益階段；

第二個階段，均衡階段；

第四個階段，超出預期階段。

其實還可能有第五種情況，那就是虧錢，但這種情況就沒必要討論如何分錢了，你虧了資本，她虧了時間和精力（機會成本）。

接下來，我們一個階段一個階段地進行說明。

在第一個階段，我們假設你們這個項目賺的錢不超過5萬元（5萬元只是一個假設的數字，僅作參考），這時，誰優先，誰劣後？

我建議，人力優先，資本劣後。也就是她優先，你劣後，她拿100%，你拿0。

你會說：「憑什麼？明明我投了錢啊。」對的。不過，錢是這個世界上最便宜的東西。雖然你投了錢，但她投入了她所有的時間和精力來運營、操作這個項目。如果她不把時間和精力投入到你們合作的這個項目上，而做其他事可能也能拿這麼多。所以在一開始的辛苦賺錢階段，你最好一分錢都不要拿，把錢都給她。

到了第二個階段，這個項目賺的錢已經超過5萬元，達到25

萬元了，也就是到了資本收益階段，誰優先，誰劣後？換言之，賺到的5萬～25萬元這部分錢，怎麼分？

這時，應該資本優先，人力劣後。

為什麼？

因為前面0～5萬元那部分已經全部給她，把她投入的時間和精力成本覆蓋了。這時，5萬～25萬元這部分收益的分配就應該以你為主，以資本為主，所以應該資本優先，人力劣後。

5萬～25萬元這部分，你可以拿80%，她拿20%。

到了這個階段，你們應該都很滿意，只不過誰優先、誰劣後的關係而已。

那接下來，項目發展不錯，賺到了100萬元，也就是到了第三個階段——均衡階段，怎麼分？25萬～100萬元之間，誰優先，誰劣後呢？

這時候，你可以拿60%，她拿40%。

因為在第二階段賺到25萬元，你們就已經非常滿意了。但是你們合夥做這個項目，當時有個預期，覺得如果做得好大概能賺到100萬元。現在真的實現了，那麼這25萬～100萬元部分，就應該按照基本均衡的方式分配。所以，你拿60%，她拿40%。

再然後，你們的項目賺到了超過原來預期的100萬元，也就是到了第四個階段——超出預期階段，那這超出100萬元的部分怎麼分？誰優先，誰劣後？

這時，你可以拿80%，她拿20%。畢竟，這種遠遠超出預期的回報，和努力的關係就不大了，主要靠的是資本。如表5-3所示。

表5-3　不確定的項目合作夥伴如何分錢

| 發展階段 | 項目收益 | 分配原則 | 可分配 | 出資方：運營方 |
|---|---|---|---|---|
| 辛苦賺錢 | R≤5萬 | 人力優先，資本劣後 | R | 0：100% |
| 資本收益 | 5萬＜R≤25萬 | 資本優先，人力劣後 | R-5萬 | 80%：20% |
| 均衡 | 25萬＜R≤100萬 | 均衡分配 | R-25萬 | 60%：40% |
| 超出預期 | R＞100萬 | 資本優先，人力劣後 | R-100萬 | 80%：20% |

所以，在一個不確定的專案中，誰優先，誰劣後？

在第一個階段（辛苦賺錢階段）：人力優先，資本劣後；

在第二個階段（資本收益階段）：資本優先，人力劣後；

在第三個階段（均衡階段）：人力、資本均衡分配；

在第四個階段（超出預期階段）：資本優先，人力劣後。

## 合作中，競爭有優劣勢時如何分錢

上面所說的合作是一個人出錢、一個人出力，相對來說，雙方是平等的，或者說都具有比較高的競爭優勢，所以兩個人拿的是分成，只是分成比例不同。

但是在現實世界中，很多合作的參與者是存在優劣勢的，掌

握稀缺資源的一方，是優勢的一方。這時，怎麼分錢呢？誰拿固定，誰拿剩餘，誰拿分成？

　　舉個例子。現在直播帶貨很火，你也投身其中，做得還不錯，有了不少粉絲，每次直播都能賣出很多商品。為了幹好這件事，你找到一個合作夥伴，讓他幫你把賣出去的商品打包發貨。那麼，你們兩個人誰拿固定，誰拿剩餘？

　　通常來說，是你拿剩餘，他拿固定。畢竟，打包發貨這件事，沒有什麼核心競爭力，所以，你和他談好，每個月固定給他多少錢，剩下的利潤都是你的。

　　這是很普遍的一個情況，公司裡的不同崗位也是同樣的道理，崗位越有核心競爭力，承擔這個崗位的人就更應該拿劣後。

　　所以，合作中誰拿固定，誰拿剩餘，誰拿分成？

　　當合作雙方都有競爭優勢的時候，我們採用分成的分配方式。當一方競爭優勢大、一方小的時候，則大的一方拿剩餘，小的一方拿固定。以上是最基本的配置。

　　但現實世界中，情況要比這複雜得多。比如，我們增加一個交易成本變數——你在杭州直播賣貨，他在廣州幫你打包發貨。這時，你們的交易成本就變得很高，你又不能每天盯著他打包，看他上不上心，那怎麼辦？

　　這時，你就要用分成的方式，給他增加一點點劣後。也就是除了給他固定收入外，還要給他一點點分成。

這時，上面基本配置的兩種情況就變成了四種情況（見表5-4）。

表5-4　競爭有優劣勢時合作夥伴如何分錢

| 合作夥伴 | 交易成本 | 分配原則 | 分錢配置 |
|---|---|---|---|
| 優勢方 | 低 | 劣後利 | 剩餘 |
| 劣勢方 | 低 | 優先利 | 固定 |
| 優勢方 | 高 | 劣後利 | 低固定＋高分成 |
| 劣勢方 | 高 | 優先利 | 高固定＋低分成 |

其中，在交易成本高的情況下，競爭優勢大的一方應該拿低固定＋高分成，而競爭優勢小的一方則拿高固定＋低分成。

這是不是特別像很多崗位工資的配置？是的。因為管理成本也是很高的成本。

以上，就是合作中雙方有競爭優劣勢的情況下的四種分錢方式。

## 企業之間要透過分成，創造全域性增量

我們講了員工和老闆之間、合作夥伴之間如何分錢，誰拿固定，誰拿剩餘，誰拿分成，那麼，企業與企業之間的如何分呢？如表5-5所示。

表5-5　合作企業如何分錢

| 企業類型 | 合作方式 | 分錢配置 |
| --- | --- | --- |
| 品牌商 | 品牌授權 | 固定授權費用 |
| 生產商 | 品牌授權 | 剩餘銷售利潤 |
| 品牌商 | 衍生品授權 | 低固定授權費用＋分成 |
| 生產商 | 衍生品授權 | 高銷售利潤分成 |

我曾經在〈有趣的賺錢模式萬里挑一：做表情包是怎麼賺錢的？〉這篇文章中提到，萌力星球[20]在用它手上的IP（萌二、乖巧寶寶、發射小人）與合作夥伴合作。

萌力星球給合作夥伴們授權時，有兩種方式：一種方式是品牌商授權，每年收取固定的授權費用；另一種方式是衍生品授權，收取不高的固定費用＋提成。

那麼，這兩種方式有什麼區別？

第一種方式，萌力星球拿的是固定，它的合作夥伴拿的是剩餘，而第二種方式，萌力星球拿的是低固定＋分成。

這兩種方式，哪種利潤更高？

對萌力星球來說，第二種方式更賺錢。

為什麼？

因為，萌力星球有信心透過它的IP授權，讓合作夥伴賣出更

---

20　萌力星球是中國一家打造社交IP廠牌，以表情包為基礎業務核心，涵蓋輕漫畫、短視頻、繪本出版、社群運營等多種形式。

多的商品。而合作夥伴也願意用這種方式，因為，雖然他們需要給萌力星球一部分提成，但是畢竟他們自己拿的還是大頭，賣得越多，他們也就賺得越多。

你看，本來是一個拿固定、一個拿剩餘的合作模式，改變了利潤分配模式，增加了分成這個方式，就創造性地增加了全域性增量，達到了雙贏的效果。

一切的商業模式，都必須有全域性增量。如果沒有全域性增量，那所謂的商業模式，就是把你口袋裡的錢換到我的口袋裡。

萌力星球創造了什麼全域性增量？提高了轉化率。

任何一個用戶購買一件商品，或者信任一個品牌，都會經歷一個從瞭解到信任的過程。這種IP授權的方式，允許把使用者平常聊天時經常用的一些表情用到一些產品上，這種由表情帶來的強烈的熟悉感會天然地增加用戶的信任。這種信任，能大大地提高轉化率。

如果這種轉化率提高了30%，那麼提高的這部分，商家很樂意拿出7%或10%來付給萌力星球。

而因為有分成收入，萌力星球也會投入更大的精力去優化設計，想盡辦法讓品牌商的商品賣得更好。這樣，不但品牌商賺得多了，萌力星球也因此賺得多了。這就是萌力星球透過分成方式創造出來的全域性增量。所以，企業之間的合作，可以透過分成的方式創造出全域性增量。

## 小提示

一切的分錢方式，無外乎優先和劣後。一切的分配方式，都是固定、剩餘、分成的萬千組合。

你和員工怎麼分錢？員工優先，你拿劣後。員工旱澇保收；你拿剩餘，有可能爆賺，也有可能巨虧。

你和合作夥伴如何分錢？如果你出錢，對方出力，你們競爭優勢都很大，那麼分四個階段：

一是辛苦賺錢階段，人力優先，資本劣後；

二是資本收益階段，資本優先，人力劣後；

三是均衡階段，人力、資本均衡分配；

四是超出預期階段，資本優先，人力劣後。

如果你和合作夥伴競爭優勢有大小，怎麼辦？那麼競爭優勢小的拿固定，競爭優勢大的拿剩餘。

如果你和合作夥伴競爭優勢有大小，交易成本還很高怎麼辦？那麼競爭優勢小的拿高固定＋低分成，競爭優勢大的拿低固定＋高分成。

最後，企業之間合作如何分錢？我建議你，可以嘗試用分成的方式創造出全域性增量，促成雙贏。

# 信用，是一個人最大的資產

信任，是一種能力。被信任，是一種更重要的能力。

越是能被信任的人，促成合作的交易成本越低，在商業世界裡，越有成功的可能。

相反，一個信用破產的人，在現代社會幾乎是真正的破產。不僅僅會被限制坐飛機、坐高鐵……，更重要的是他會因為失信於人，從此變成一座孤島，再也沒人願意和他打交道。

在人生的信用帳戶裡，每一次言出必行、每一次真誠待人，都是對未來的儲蓄。而那些敗光了自己信用的人，永遠被列入了「警惕和遠離」的黑名單。如圖5-11所示。

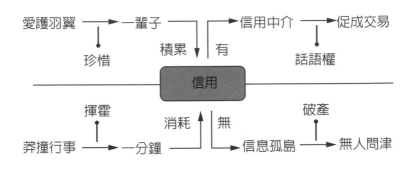

圖5-11　信用是一個人最大的資產

## 有信用的人，有話語權

有信用的人，有話語權。他說什麼，大家都聽。

來看一個有趣的故事。

我們想要信任一個陌生人，很不容易。世界上最天然的信任機制，是血濃於水的親情關係。如果你的親弟弟家庭突發變故找你借錢，你可能會二話不說就把錢推到他的手裡，讓他拿去。在你看來，都是兄弟，弟弟的事情就是自己的事情。

可是，如果是弟弟的朋友遭遇不幸，向你借錢，你就可能會再三猶豫。不管弟弟如何擔保求情，你的心裡難免犯嘀咕：這人到底靠不靠譜？

你非常相信弟弟，弟弟相信他的朋友，但是你卻不一定相信弟弟的朋友。這實在是非常有趣的現象：明明兩段關係都是互相信任的，可是這信用卻無法傳遞，信用不傳遞，成為商業史上永恆的難題。

最後，看在弟弟的份上，你還是慷慨地借了錢，但為了保證弟弟的朋友能按時還錢，你們兩人簽了合同，約定好如果他不按時還錢，你要把他家的牛拉走抵債。

事實證明，弟弟的朋友確實是個好人，勤奮努力，打工掙錢，但偏偏不湊巧的是，他賺的錢不夠，到了還錢的時間，他卻還不上你的錢。

於是你們兩人在大街上就吵了起來：

「你再給我兩個月的時間行不行，就兩個月！就兩個月！」

「不行不行，說好不還錢就把你家牛給我的，白紙黑字，清清楚楚！」

「不行不行，你拿走我的牛，我拿什麼種地還你錢！兩個月都不通融通融，你好狠心！」

⋯⋯

就這樣，兩個人一路爭吵、扭打到了鄉紳那裡。

每個村子裡，通常都會有一個德高望重的老人，為村民們處理「真假美猴王」一般的糾紛矛盾。

你們去找的這個老人，就是整個村子裡最有信用、最有資歷的人，大家都覺得他公正、公平、公開，相信他的調解和決斷。

老人發話了：「安靜安靜，到底什麼事，都好好說。」

一人雄赳赳、氣昂昂地拿出合同，狀告欠債的人，一定要拉走那頭眼睛水靈靈的牛。另一人則在鄉紳面前哭訴：「您老從小看著我長大，我不是欠債不還的人。這牛我也真不能給，我全家老小就指著這頭牛生活。」

聽完雙方的「證詞」，鄉紳緩緩抬手，慢慢張口，對你說：「孩子，你就當看在我的面子上，再給他兩個月時間吧。」又對他說：「你，兩個月內一定要還錢，順便再給他捎上兩袋雞蛋，當作利息了。都是鄉里鄉親的，不能再吵了，散了散了，都回去吧。」

　　這個德高望重的鄉紳，扮演了擔保的角色，成為兩個人信用的仲介，否則紛爭無法調解，交易無法完成。

　　這個信用仲介，在商業世界中是非常重要的角色，大家都願意信任，他說的話，大家會聽。鄉紳文化，就是一種信用文化。

　　有信用的人，受到尊敬，有話語權。

## 信用，比黃金值錢，比性命還貴

　　信用，比黃金值錢，比性命還貴。

　　再來看另外一個更有趣的故事。

　　這一次，你不是中國鄉村裡借錢給別人的人，而是成了在歐洲遠近聞名的江湖神偷。你跑到一家著名的美術館，成功繞開了所有的安保系統，偷盜出一幅傳世名畫，這幅畫放在拍賣行，大約值100萬美元，非常昂貴。

　　那麼問題來了：你現在打算怎麼交易？

　　答案當然是要找買家，找那些喜歡收藏名畫的有錢人家，賣給他們。

　　那麼問題又來了：你敢去找那些有錢人嗎？

　　不敢。萬一他們正義凜然，報警怎麼辦？被抓去可不好。

　　同樣，買家也不願意和偷畫的人直接交易，他們擔心對方騙自己。

　　要知道，「蒙娜麗莎」就曾經被偷過，當時市場上一度有幾

十個人宣稱自己買到了「蒙娜麗莎」，但幾乎都是假的。一旦一幅名畫被偷，會有很多騙子突然變成小偷，大肆宣揚自己不僅偷出了絕無僅有的真跡，也偷出了不可挽回的歲月，然後高價賣給被他們瞄準的冤大頭。這些人上當了還不能報警，畢竟這是違法的勾當，一個願打一個願挨，只能咬咬牙忍氣吞聲怪自己怎麼那麼蠢。

怎麼辦？

於是，市場上發展出一種新的交易結構：黑市裡的「鄉紳」。這類交易，可以透過黑市中間人進行。

黑市中間人扮演的重要角色同樣也是信用仲介。他們是最不能被忽視的「結構洞」，因為這個角色佔據交易環節中最重要的位置，所有買賣都必須經過他們。他們掌握著最多的資訊，看見最多的真實，也拿走最多的利潤。

你知道一個神偷偷出價值100萬美元的畫，賣給黑市中間人可以得多少錢嗎？

50%？不對。30%？不對。20%？也不對。你如果能猜中這個數位，說明你對產品價值和交易成本有一個自己的判斷和比較清晰的理解。按照規矩和行情，黑市中間人大概會以5%的價格把這幅畫收走。也就是說價值100萬美元的畫，神偷再厲害，也只能拿到5萬美元。

所以，神偷本質上就是個勞動者，不管他偷的畫多有名，他

能得到的錢都很少。他冒著被抓進監獄和被唾棄的風險，只是賺了一點點勞動報酬而已。大部分的錢都被黑市中間人「吃」掉了，這真是名副其實的「中間商賺差價」。

而黑市中間人之所以能賺到錢，是因為大家相信他。這是市場給黑市從業人員信用的標價。由此可見，信用真的很值錢。

不過黑市中間人從來都不好當，信用是他們賺錢最重要的工具，他們必須小心翼翼地維護好自己的名聲。他們知道，想在黑市混口飯吃，必須把名聲混好。

用信用獲得地位和賺錢的機會很簡單，但一夜之間敗掉信用更簡單。

所以說，盜亦有道，在道上混，名聲壞了，財路就斷了，這是黑市從業人員都知道的道理——信用比黃金值錢，信用比性命還貴。

## 人的一生，是贏得信任的一生

如果你覺得這些都離你太遠了，那我再和你講件真實的事吧。這是一個關於重生和守護信用的故事，一個讓我敬佩的人的故事。

一個二線城市的普通人，因為做理財的生意導致資金鏈斷裂了。他欠客戶4000多萬元，是的，4000多萬元，而且外面的錢幾乎都收不回來。在這種情況下，很多人會選擇跑路或者破產。

　　他也絕望過，有時甚至恍惚間聽到針尖刺破自己心臟的聲音，一根，一根，又一根⋯⋯他覺得上天就是想要他死。是啊，欠了4000萬元，怎麼還？他無數次地想過自己像大鳥一樣躍出陽臺，墜落在地，一了百了。可是他的家庭、他的名聲怎麼辦？

　　後來，他聽孔子和王陽明，一遍遍地聽。他想自己再難能有王陽明在龍場[21]時難嗎？再窮能有顏回窮嗎？不管在別人那裡的錢能不能回來，自己欠的錢一定要還！

　　於是，他努力學習，這幾年用指數型組織的思想改造了過去傳統的農貿市場生意，用物聯網追溯每一隻雞鴨鵝的生產和物流過程。現在，他所在城市的雞鴨鵝基本都是由他供應的。

　　他已經還掉了3000多萬元，欠下的債還剩1000多萬元，他有信心把它們也還上。大家看他這麼守信用，也都不再天天逼債了。說實話，我看過很多人耍小聰明，玩小伎倆，遇到困難總想逃避和躲藏。像他這樣勇敢面對、承擔責任的，真的為數不多。

　　什麼是信用？怎樣獲取別人的信任？

　　不是看你有多少錢，有多少權勢，也不是看你的家世背景，這些不是別人對你的信任，而是別人對你的趨炎附勢。

　　從本質上看，我覺得人的一生，是贏得信任的一生，是勇敢地用責任換取信任的一生。

---

21　王陽明曾被貶至貴州龍場，是一個當地土著山民居住的一個小村落，當時為蠻夷之地。

## 小提示

我一直在想：這個世界上到底有什麼東西比生命更重要？可能就是最終留在世界上的你的名聲和別人對你的評價吧。我們不求名垂千古，但也不能遺臭萬年。

我很看重自己的信用，以至於有人對我說：「劉潤，你太愛惜自己的羽翼了。」

是的，我特別愛惜自己的羽翼。因為我知道，信用是一個人最大的資產。

有些錢，我不能碰。有些事，我做不得。我只希望在一個信用社會裡，憑藉我的能力和信用，拿走本該我拿的那一部分。

一個人的信用要靠一生來沉澱，但毀掉它往往只需要一分鐘。敗光了，就再也沒有了。

信用很值錢、很珍貴、很稀缺、很難得，願你我都能守護好自己的信用。願你我永遠都有潔白的羽翼。

# 公平、公正與公開

　　每年高考結束，都會有很多關於高考的討論。其中一個話題已經討論了四五十年，即用一場考試來決定一個人的一生，公不公平？是啊，到底公不公平？

## 公平

　　要討論「公不公平」這個問題，首先要理解什麼是「公平」（Fairness）。公平，我們可以理解成用「同一把」尺丈量萬物。對所有人都一視同仁——用分數要求你，也用分數要求其他人；用實力淘汰你，也用實力淘汰其他人。這就是公平。公平的核心，不是用「哪一把」尺，而是用「同一把」尺。那麼，什麼叫不是「同一把」？

　　媽媽說：「你怎麼不把東西分給弟弟吃？」哥哥說：「因為弟弟也沒有分給我啊。」媽媽說：「他不一樣，他是弟弟。」這就是不公平。媽媽用了兩把尺——用「分享」丈量哥哥，用「獨享」丈量弟弟。

　　老闆說：「張三你這個月沒完成業績，沒有獎金。」張三說：「那李四也沒完成啊。」老闆說：「他不一樣，他很努力。」這就是不公平。老闆用了兩把尺——用「功勞」丈量張

三，用「苦勞」丈量李四。

回到高考：高考公平嗎？那就要看高考是不是用「同一把」尺丈量千萬學生。答案是：是的。

高考用「分數」這把唯一的尺丈量所有學生。高一分，你就可以上清華或北大；低一分，你就只能明年再來。誰也不能作弊，學生作弊退考，老師作弊坐牢。

你可能會質疑：那為什麼要用「分數」這把尺呢？為什麼不用「素質」的尺？為什麼不用「美德」的尺？或者，為什麼不用身高、扶老人過街的次數作為衡量的標準？

這就涉及第二個概念：公正（Justice）。

## 公正

什麼是「公正」？公正，可以理解成選「哪一把」尺來丈量。那麼，到底選哪一把尺來丈量，才算是公正，甚至是正義呢？讓家長來決定嗎？

我們常說「每個人心中都有一把尺」，孩子擅長什麼，家長的尺就長什麼樣。如果把決定權交給家長，清華北大必須擴招1000萬人。讓學校來決定嗎？

美國的私立學校，可以自主決定用「哪一把」尺。所以，每個學校手裡拿著一把不同的尺，甚至是一組套尺。比如哈佛大學（簡稱哈佛），手上拿著的就是一組套尺：「分數」這把尺很重

要，「社會活動」這把尺很重要，「體育特長」這把尺很重要，「背景多元化」這把尺很重要。當然，「家裡有錢並願意捐款」這把尺也很重要，因為捐款有助於學校發展。

你可能會義憤填膺：「我沒錢就沒資格讀哈佛嗎？成績好，但是沒錢捐款，就要被有錢人擠掉名額嗎？這不公平！」

首先，我要糾正你，這不叫不「公平」。只要「捐款優先」這個規則是一視同仁的，哈佛的行為就是公平的。

但你可以說，這個規則不「公正」。

公正是一個有關價值觀的問題，誰也未必說服得了誰。那麼核心問題來了：誰有權「定義」公正。

在這件事中，哈佛是公正的定義者。

為什麼？因為是校方而不是你對哈佛的成功、失敗負責。如果因為「捐款優先」的規則，哈佛遭人唾棄，再也沒人報考，招不到好學生，最後倒閉了，損失的是校方，不是你。校方承擔責任，所以有權制定標準。

公正的本質不是「你對我錯」的問題，而是「誰有權做選擇」的問題。每一所學校，都有權定義自己的「公正」。我們只能接受，因為學校是他們的，他們可以做主。但我們要問他們一個問題：「你確定就用這組套尺來錄取學生嗎？」如果確定了，從現在開始，就不准換尺了。為什麼？因為學校有權定義「公正」，但無權妨礙「公平」。

這就像一場散打比賽，如果你說可以用腿、可以打臉，那好，這些可以確定為規則，但規則一旦確定，就不能改了。從此以後，我用腿打了你的臉，你要服輸。你定義公正，我維護公平。

那麼，有辦法讓中國的每所高校都像美國一樣用自己的套尺招生嗎？這聽上去，似乎更公正。有可能，但這會極大地增加維護公平的成本。

你可能知道史丹佛招生腐敗案，在美國相對完善的誠信體制和嚴厲的司法體系下，分散的「公正定義權」依然帶來了對「公平」的破壞。那麼，如果讓中國的每所高校都自主定義「公正」，然後分別維護「公平」，那麼，帶來的問題可能會遠遠超出你想像。如果監管不力，會有無數學生在「不公平的公正」中，被絕望地改變人生。

高考，是難以監管的公正對總體公平的妥協，然後在此基礎上，謹慎地添加了一點額外的「公正」因數，來中和粗暴的公平。比如用省級名額分配來彌補不同地域之間的教育水準不公，用各地自己出卷來彌補不同地域之間知識結構的不公。

## 公開

難道就真的沒有辦法做到既公平又公正嗎？有。那就是「公開」（Open）。公開，我們可以理解成把丈量的過程展示給公眾，讓同意公正者監督公平。比如美國總統大選。

（1）用一人一票選舉美國總統，你們同意嗎？都同意。好，我們定義了「公正」。

（2）可以演說，可以影響，但誰也不准用錢購買選票，這就是「公平」。

（3）投票結束，在鏡頭面前唱票，接受全民監督，這就是「公開」。

一旦公開，維護公平的成本將會因為分攤給所有利益相關者而大大降低。

每年高考，考生寫作文；高考結束，高校寫論文——「以『我為什麼招這300個學生』為題。要求不低於3萬字，除了詩歌，文體不限。」然後，公開發表。也許只有這樣，才能做到用公開監督基於公正的公平。

### 小提示

公平——用「同一把」尺丈量萬物；

公正——選「哪一把」尺來丈量；

公開——把丈量的過程展示給公眾，讓同意公正者監督公平。

現在你覺得，高考公平、公正、公開嗎？

# 效率與公平

2020年，阿里巴巴以它不願意的方式，持續成為媒體頭條。除了暫緩上市、反壟斷處罰、被幾人金融部門約談、因「二選一」被立案調查等負面新聞之外，還有各種謠言齊飛。

而與此同時，其他各大網路公司也從來沒有這麼擔憂過「被看見」。大家不約而同地按下了靜音鍵，能不發聲就儘量不發聲。隨著監管部門的各項調查以及態度不斷明確，似乎靴子在不斷落地。

很多人問我：靴子落地後，阿里巴巴的未來會怎樣？這些不斷明確的政策，對其他所有網路公司，意味著一個短期挑戰的結束，還是一個長期變化的開始？

要回答這些問題，並不容易。因為這涉及一組對立統一的、深刻的經濟學、社會學概念：公平和效率。

什麼是公平，什麼是效率

什麼是公平，什麼是效率？

舉個例子。老王和小張都是玉石匠人，他們在品質不同的玉石上雕刻，使其成為價值不等的藝術品，然後賣錢。

我們知道，同一個匠人，用通體晶瑩剔透的寶玉雕刻出來的成品，比用滿是裂紋、斑點的碎石雕刻出來的成品更值錢。

我們也知道，同一塊玉石，真正的藝術大師雕刻出的成品，比年輕的新手學徒雕刻出的成品更值錢。

玉石品質和匠人手藝，是乘數關係。用公式表示，就是：

**成品價值＝玉石品質×匠人手藝**

假設現在有兩塊玉石，一塊是碎石，品質是3；一塊是寶玉，品質是9。小張的手藝是2，老王的手藝是8，請問應該讓誰來雕刻哪一塊玉石？

讓老王雕刻寶玉？好。我們算一下這個方案的成品總價值，也就是兩人的總收入。

　9（寶玉）×8（老王）＋3（碎石）×2（小張）

＝72（老王的收入）＋6（小張的收入）

＝78（兩人總收入）

總收入是78。不錯。但對這個結果，小張非常不滿意：「差距太大了吧？憑什麼老王拿72，我拿6？這不公平。我不服氣。我也要雕寶玉！」

那麼，讓小張雕刻寶玉？好。我們也來算一下這個方案的成品總價值，兩人的總收入。

　3（碎石）×8（老王）＋9（寶玉）×2（小張）

＝24（老王的收入）＋18（小張的收入）

## ＝42（兩人總收入）

果然，小張的收入上漲了12，甚至接近老王的收入。但代價是，兩人的總收入下降了36！這算得上是斷崖式下跌！

那麼請問，你會把寶玉給老王，還是給小張？

這個選擇的本質，是選擇公平，還是選擇效率。

現在回到最開始的問題。

什麼是公平？

公平，是指收入分配追求相對平等。

把寶玉給小張，收入相對平等了。老王能力強，收入24。小張能力差，收入少點，但也有18。24和18，差不了太多。這就是公平。

但是，這樣的公平，在一定程度上犧牲了效率。小張雖然滿意了，但社會總財富從78跌到了42。經濟發展被嚴重拖慢了。

什麼是效率？

效率，是指以最小的投入獲得最大的產出。

把寶玉給老王，能獲得最大的產出。為什麼？因為老王的能力可以把寶玉的價值發揮到極致，整體收入因此從42暴增到78。把資源給用得最好的人，社會財富實現了最大化。

而最優化資源配置，提升總體效率，這正是經濟學研究的目的。

　　這也是為什麼諾貝爾經濟學獎獲得者、著名經濟學家科斯說：「資源，總會落到用得最好的人手裡。」

　　但是，這樣的效率，在一定程度上犧牲了公平。社會總財富是最大化了，但小張「被平均了」。小張的財富增加速度遠低於老王，這使得貧富差距越來越大。效率的紅利，沒有公平地降臨。

　　現在你大概就明白了，為什麼我要和你說老王和小張的故事。

　　因為今天的網路巨頭，就是「老王」。它們帶來了效率，但也「消滅你與你無關」地把「小張」甩在了身後。

　　而線下的小賣家、計程車司機、高速公路上的收費員、你們家門口的菜販、不會用移動支付的老人，就是「小張」。他們也熱烈盼望著社會的進步，但總覺得自己被社會拋棄了。

　　那麼，我們到底應該支持「老王」，還是支持「小張」呢？

## 再分配的智慧

　　1978年，中國開始改革開放。

　　當你理解了「公平」和「效率」這組對立統一的概念之後，就會恍然大悟，為什麼中國改革開放的總設計師鄧小平會說「讓一部分人先富起來」。

　　讓誰先富起來？讓老王先富起來。

　　為什麼要讓老王先富起來？因為寇斯[22]說了，要追求效率，就要把最好的資源給用得最好的人。這個「用得最好的人」，就是手藝卓群的老王。老王手藝好，又拿到了寶玉，創造財富的效率就會最大化。

　　所以，20世紀80年代，在改革開放初期，整個中國都在強調「效率優先」。因為效率優先，老王被激勵，才能帶來整體經濟的高速增長。

　　可是，老王先富起來，就必須以小張窮下去為代價嗎？

　　當然不是。這就涉及「再分配」的智慧。

　　商業是社會財富的初次分配。老王拿得多，小張拿得少，就是初次分配的結果。那什麼是再分配？就是把初次分配中一部分老王們創造的財富，透過稅收、費率等方式收上來，再分給小張們。

　　你一定對個人所得稅很熟悉。你的收入越高，個人所得稅的稅率就越高。這個累進增高的個人所得稅制度，就是以削峰填穀的方法，把經濟增長的整體紅利，相對平等地「再分配」給更多人。

　　怎麼再分配？失業救濟、再就業培訓、減免低收入人群的稅費、提供更多便宜的社會服務，甚至現金補助等，都是再分配的方式，透過這些方式可以把部分社會財富分給小張，以求一定程度上的公平。

---

22　羅納德・寇斯（Ronald H. Coase），1991年諾貝爾經濟學獎得主。

所以，大家逐漸形成一套共識：初次分配負責效率，再分配負責公平。

初次分配、再分配，各司其職。在初次分配時支持老王，在再分配時支持小張。

但是，雖然有再分配，但是效率優先在初次分配中累積的不公平依然越來越多，貧富差距依然越來越大。這種不公平的累積，導致老王越來越桀驁，小張越來越不滿。

怎麼辦？

摸著石頭過河，進行調整。

20世紀90年代，「效率優先」被調整為「效率優先，兼顧公平」。

中共十六屆六中全會提出，「更加注重公平」。

中共十七大提出，「把提高效率同促進社會公平結合起來」。

中共十八大提出，「初次分配和再分配都要處理好效率和公平的關係，再分配更加注重公平」。

中共十九大提出，「促進收入分配更合理、更有序」。

其中，尤其要注意的是這句：「初次分配和再分配都要處理好效率和公平的關係，再分配更加注重公平。」

這意味著初次分配也不能只支援老王了，也要「處理好效率和公平的關係」。

老王，感謝你，但是，不能再讓你拿走所有的寶玉了，也要分給小張幾塊。這樣，小張才能更早地、更優先地分得經濟增長的紅利。

## 不可忽視的「效率與公平的均衡」

你看到了嗎？那支「公平與效率」之鐘上的鐘擺，正在從極致「效率優先」的那一側，緩緩地向「公平」這一側回擺，逐漸指向「效率與公平的均衡」。

這把鐘太大了，大到你很難看到。這根指針擺動得太慢了，慢到你很難注意到。

但是，這也許是所有網路公司都必須看到、必須理解的。這只鐘正在準點報時，現在的時刻是：在初次分配時，也要尋求「效率與公平的均衡」。

2020年12月16日至18日，2020年中央經濟工作會議在北京召開。因為2021年是「十四五」的開局之年，所以這次會議備受關注。會議討論了很多內容，並最終確定了2021年經濟工作的八項重點任務。這八項任務，每一項都很重要。而其中第六項，引起了熱烈的討論，那就是「強化反壟斷和防止資本無序擴張」。

為什麼？因為壟斷和資本無序擴張傷害了初次分配中「效率和公平的均衡」。在效率的高速公路上，網路公司一路狂奔，超速駕駛。而這些政策，正是交警根據公平的限速牌開出的罰單。

## 小提示

回到最開始的問題。

對阿里巴巴的各種調查的結束，並不是一個短期挑戰的結束，而是一個長期變化的開始。

在這個長期變化中，公平是下一個時代的紅利。

但是，當公平變得前所未有地重要時，也並不意味著效率就會被拋棄。開出嚴厲的罰單，並不意味著要拆除高速公路。

網路公司們應該做的，是在效率的高速公路上一路狂奔時，多留意那些公平的限速牌。

怎麼留意？

也許，成立「促進公平部」或者「幫扶小張部」，幫助老人們享受網路的便利，幫助小販們成為團長，幫助農民們提高收入，是所有想抓住「公平紅利」的老王們必須做的事。

# 勸酒的本質，是服從性測試

　　曾經有一條奇葩的新聞在網上被大肆傳播：一名銀行員工因為不喝老闆敬的酒，被抽耳光。

　　這件奇葩的事被曝光後，涉事銀行立刻做出回應：對勸酒的和抽耳光的，都給予了嚴厲的處分！

　　銀行處理果斷及時，可謂大快人心，有類似經歷的職場新人，甚至覺得也給自己出了口惡氣。

　　不過，鬧成這樣，這名銀行員工以後還能混得下去嗎？這種讓人煩透了的「勸酒文化」，能不能就此打住？為什麼明明你不想喝，我也不想喝，可大家還都要拚死逼著彼此喝呢？

　　每一件事情背後，都有其商業邏輯。這件事情的邏輯是：領導們需要透過勸酒這種行為，來完成「服從性測試」（見圖5-12）。

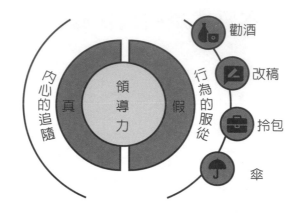

圖5-12　勸酒的本質是服從性測試

## 什麼是服從性測試

　　《聖經》中講過一個故事：上帝對信徒亞伯拉罕說，「請殺死你的小兒子以撒」。亞伯拉罕非常困惑，不知道為什麼。不過，雖然很不解，但這是上帝的指令。因此，經過所有父親都會有的糾結後，亞伯拉罕還是決定服從上帝，含淚把自己的兒子放上祭壇，並舉起短刀。所幸，刀落下去的那一瞬間，天使及時出現，阻止了悲劇的發生。上帝說：「我不是真想殺你兒子。我只是想知道，你對我是不是絕對服從。」這就是「服從性測試」。只有透過服從性測試，你的領導才會相信你能做到：理解要執行，不理解也要執行。實在不理解，就在無條件服從中加深理解。

## 服從性測試無處不在

是有道理才服氣的員工更好管，還是無條件服從的員工更好管呢？

當然是無條件服從的員工更好管。讓員工服氣要靠領導力，而讓員工服從只要靠權力就行。但是，這就需要願意服從的員工。所以，服從性測試，無處不在。

強盜用「留個把柄」的方式，對小弟做服從性測試；甲方用「改來改去」的方式，對乙方做服從性測試；女生，用「無理取鬧」的方式，做男友服從性測試。

那麼，公司領導進行服從性測試的方法呢？那就太多了。比如，故意做生活不能自理狀，看看下屬會不會幫他拎包、幫他打傘、幫他開車門。

有一次，在機場的擺渡車（接駁車）上，一位處長狠狠地打電話罵助理：「你怎麼收拾行李箱的？少帶了東西！這下我怎麼辦？！」就在這時，處長突然掛了電話，一躍而起，幫一位正在上車的男士把箱子一把拎上車。後來聽對話，我才知道那位男士是局長。

剛剛還「生活不能自理」的人，突然變得非常有能力，開始對另一個「生活更不能自理」的人悉心服務，只因為對方是自己的領導。

真的是職位越高，生活自理能力越差嗎？當然不是。

　　這種單向的「生活不能自理」，本質上是制度化的「服從性測試」──拎箱子這種小事你都不能為我做，那以後在大是大非的問題上，我怎麼能指望你絕對服從？勸酒，也是傳統的「服從性測試」項目。

　　領導說：「小王，這杯酒，我敬你。」

　　小王趕緊說：「領導，哪有您敬我酒的道理，您折煞我了。我一直和同事們說，我特別仰慕領導的魅力，特別感謝領導的栽培。只是一直苦於沒有機會參與重大專案，不能好好報答領導。您的恩情，我一直都記著。有任何用得到的地方，以後您隨時吩咐，我一定隨叫隨到，唯領導馬首是瞻。這三杯，我先乾為敬。」

　　領導說：「慢點慢點，別喝多了。你臉都紅了。」

　　小王擺擺手：「沒事的，領導。我平常不能喝酒，一喝酒就過敏，但今天就是高興。」

　　領導滿意地點了點頭，微笑著轉過頭去，開始測試小張。

## 小提示

勸酒，不是酒文化，而是酒文化中的惡習，是對酒文化的扭曲。

現在，隨著文明的進步，這種惡習已經有所改變。但是，估計要隨著一兩代靠喝酒上位的領導退位，才會有大的改觀。

為什麼？因為如果突然不勸酒了，那領導們年輕時豈不是白喝了、白練了、白被測試了？

但是，我還是試著勸癡迷於勸酒、癡迷於服從性測試的領導們一句話：真正的領導力，來自內心的追隨，而不是行為的服從。

DH00381

# 底層邏輯：看清這個世界的底牌

作　　者—劉　潤
主　　編—林潔欣
企劃主任—王綾翊
設　　計—江儀玲
排　　版—游淑萍

總 編 輯—梁芳春
董 事 長—趙政岷
出 版 者—時報文化出版企業股份有限公司
　　　　　108019 臺北市和平西路 3 段 240 號 3 樓
　　　　　發行專線—（02）2306-6842
　　　　　讀者服務專線—0800-231-705・（02）2304-7103
　　　　　讀者服務傳真—（02）2306-6842
　　　　　郵撥—19344724　時報文化出版公司
　　　　　信箱—10899 臺北華江橋郵局第 99 信箱
時報悅讀網—http://www.readingtimes.com.tw
法律顧問—理律法律事務所　陳長文律師、李念祖律師
印　　刷—勁達印刷股份有限公司
一版一刷—2022 年 3 月 25 日
一版四十八刷—2024 年 9 月 11 日
定　　價—新臺幣 400 元
（缺頁或破損的書，請寄回更換）

時報文化出版公司成立於一九七五年，
並於一九九九年股票上櫃公開發行，於二〇〇八年脫離中時集團非屬旺中，
以「尊重智慧與創意的文化事業」為信念。

底層邏輯 / 劉潤著 . -- 一版 . -- 臺北市：時報文化出版企業股份
　有限公司, 2022.03
　面；公分.-

　ISBN　978-626-335-071-7（平裝）
　1.CST: 成功法
177.2　　　　　　　　　　　　　　　　　　　111001873

ISBN　978-626-335-071-7
Printed in Taiwan